Philipp Depiereux

CHANGERIDER

Pioniergeister statt Bedenkenträger

Wie mutige Macher aus Politik, Wirtschaft und Gesellschaft unsere Zukunft gestalten

Bibliografische Information der Deutschen Nationalbibliothek:
Die Deutsche Nationalbibliothek verzeichnet diese Publikation in der Deutschen Nationalbibliografie; detaillierte bibliografische Daten sind im Internet über http://dnb.dnb.de abrufbar.

Texte: © Philipp Depiereux, ChangeRider gGmbH, München
Redaktion: © Sabine Hockling, Die Ratgeber, Hamburg
Lektorat: BHL Medienprojekte, Hamburg
Cover-Bild: © Moritz Huber
Bild Buchrückseite: © Markus Schwer
Umschlaggestaltung: © Shiva Prasad Byri

Druck und Vertrieb:
epubli – ein Service der Neopubli GmbH, Berlin

»Ich glaube an das Pferd. Das Automobil ist nur eine vorübergehende Erscheinung.«

Kaiser Wilhelm II

INHALT

CHANGERIDER – DIE MISSION

Philipp Depiereux wünscht sich in und für Deutschland Pioniergeist statt Panik, Mut statt Angst, Erfolgsgeschichten statt Negativbeispiele. Dafür hat er den ChangeRider, den „Talk im Tesla“, initiiert. Mit dem Format, in dem Menschen aus Politik, Wirtschaft, Forschung und Gesellschaft erzählen, wie sie den Wandel gestalten, die digitale Transformation vorantreiben sowie Menschen inspirieren und motivieren, will er Aufbruchstimmung auslösen und eine gesellschaftliche Bewegung für die aktive Gestaltung des (digitalen) Wandels in Gang setzen. Dafür führt er sehr persönliche Gespräche mit und über mutige, kreative und unternehmerische Menschen, die etwas bewegen und die ihren gesellschaftlichen Beitrag leisten. Denn entgegen aller Schwarzmalerei bewegt sich in Deutschland und Europa bereits sehr viel im positiven Sinne.

„Wenn vom digitalen Wandel die Rede ist, wird es meist bedrohlich. Dann müssen Naturgewalten herhalten wie das ‚Twitter-Gewitter‘, die ‚Daten-Stürme‘ oder gleich der ‚Daten-Tsunami‘. Oder es wird martialisch, mit Troll- oder Bot-Armeen und Robotern, die mit ihrer künstlichen Intelligenz die Weltherrschaft übernehmen – oder uns mindestens die Arbeitsplätze wegnehmen“, so Philipp Depiereux. „Kein

Wunder also, dass die Menschen dem Thema in der Mehrheit skeptisch gegenüberstehen. Es gibt sie aber, die Macher und Gestalter, die bereits erfolgreich den Wandel beschreiten oder auf dem Weg dahin sind. Über ihren Weg und ihre Zukunftspläne spreche ich mit ihnen im ChangeRider. Denn es ist an der Zeit, den Menschen zu zeigen, wie die Digitalisierung ihr Leben positiv beeinflusst, und dass es sich lohnt, den Wandel aktiv zu gestalten. Wir brauchen wieder mehr Mut in Deutschland und Europa!“

Die ChangeRider-Fahrten gibt es als komprimiertes Video-Format auf YouTube, LinkedIn und Facebook sowie im ausführlicheren Podcast auf Spotify, Soundcloud und Apple Music. Für die Buchkapitel wurde das Brutto-Audiomaterial ausgearbeitet, sodass diese Folgen umfangreicher sind als die digitalen Formate. Im ChangeRider geht es neben der Digitalisierung auch um Themen wie Bildung, Flüchtlingskrise, Klimawandel und Social Entrepreneurship. Dieses Buch zeigt eine Auswahl von ChangeRider-Fahrten, die sich primär mit dem digitalen Wandel beschäftigen. Philipp Depiereux plant Größeres mit dem Format. So denkt er über eine Internationalisierung bzw. Lizenzierung nach dem TEDx-Format nach. Sicher ist, dass der ChangeRider mit dem Wandel geht und sich weiterentwickelt – und die Zahlen geben Depiereux und seinem Team recht: Das Format hat bisher deutlich über fünf Millionen Views erreicht und ist auch im TV vertreten.

Mehr Informationen gibt es auf:

changerider.com
youtube.com/changerider
soundcloud.com/changerider
facebook.com/ChangeRiderdotcom/
linkedin.com/company/changerider
twitter.com/changerider
instagram.com/change_rider/

CHANGERIDER – DIE ENTSTEHUNGSGESCHICHTE

Philipp Depiereux – das „Handelsblatt“ bezeichnet ihn als den „Messias der Digitalisierung im deutschen Mittelstand“ – möchte Anfang 2018 der medialen Weltuntergangsstimmung in Bezug auf die Digitalisierung etwas entgegensetzen. Er setzt sich mit seinen etventure-Kollegen Wibke Lies und Christian van Alphen zusammen, um ein Format als Gegenbewegung zu entwickeln. Schnell verworfen wird dabei ein ausschließliches Podcast-Format. Vielmehr möchte Depiereux etwas entwickeln, was dynamisch und fesselnd ist. Sie überlegen, das Format ähnlich dem Carpool-Karaoke aufzusetzen: spannende Gespräche mit Menschen, die positiv vom Wandel erzählen.

Weil Digitalisierung für Depiereux und sein Team immer disruptiv ist, kann das Format nicht in einem Auto mit reinem Verbrennungsmotor stattfinden. Die Wahl fällt daher schnell auf das aktuell disruptivste Auto der Welt: den Tesla, den „Wake-up-Call“ für die deutsche Automobilindustrie. Depiereux ist aber auch Patriot: Bringt die deutsche Industrie ein wettbewerbs- und marktfähiges Elektroauto auf den Markt, ist ein Fahrzeugwechsel wahrscheinlich. Der Name für das Format ist nicht ganz so schnell gefunden. Gesetzt ist das Wort „Change“, denn Depiereux möchte die positiven Geschichten rund um den Wandel in den Vordergrund stellen. Nach den verrücktesten Namensideen fällt die Wahl des Teams schließlich auf „ChangeRider".

Wer Depiereux kennt, weiß, dass er ein großer Fan von „schnellen Prototypen" ist. Daher bestellt er für den ersten Testdreh kurzerhand den iPhone-Kamerahalter fürs Auto – sehr zum Entsetzen seines Teams. Sie überzeugen ihn, dass das Format nur dann eine Chance auf Erfolg hat, wenn eine professionelle Kameraausrüstung und -führung im Tesla verbaut wird, wofür der Kameramann Moritz Huber engagiert wird. Für die zwei Testfahrten im neu angeschafften Tesla Model S stehen der Münchner Entrepreneur Felix Schachi und der Markenberater Maximilian Valentin zur Verfügung. Huber installiert dafür nicht nur neun Kameras im und am Fahrzeug, sondern begleitet die Fahrten mit dem Aufzeichnungsequipment aus dem Kofferraum heraus. Das Ergebnis: grandios.

ChangeRider als Non-Profit-Format

Wichtig ist Philipp Depiereux von Anfang an, dass der ChangeRider unabhängig ist und bleibt – und gründet dafür die ChangeRider gGmbH, die vom Finanzamt als gemeinnützig anerkannt wird. Weil Werbekooperationen mit Unternehmen oder Sponsoren ausgeschlossen sind, finanziert er den ChangeRider komplett aus eigenen Mitteln. Einnahmen wie die aus diesem Buchverkauf spendet er für soziale Zwecke.

Schnell gefunden sind Interviewpartner wie Gisbert Rühl, Fabian Kienbaum und Laura Kohler aus Depiereuxs Netzwerk. Er wünscht sich als Gesprächspartner aber auch Gestalter wie Dorothee Bär, Roland Berger, Janina Kugel und Magdalena Rogl, zu denen er jedoch keine Kontakte hat. Um die ersten zehn Einladungen für den ChangeRider so besonders wie möglich zu gestalten, dreht er deshalb persönliche Einladungsvideos mit einer individuellen Ansprache am Anfang, einem allgemeinen Informationsteil, Video-Mitschnitten von den zwei Testfahrten sowie einem persönlichen Ende. Platziert werden diese Videos anschließend auf zehn personalisierten Webseiten mit ChangeRider-Logo: Unter dem persönlichen Begrüßungstext und dem jeweiligen Video integriert Depiereuxs Team nach der Methode „Fake it until you make it“ drei Fotos von Ann-Kristin Achleitner, Oliver Samwer und Elon Musk, hinterlegt mit einem Play-Button sowie der Anzahl der Likes zwischen 600 und 2.000 – um den Eindruck zu suggerieren, dass diese drei Gestalter bereits im ChangeRider Platz genommen haben. Verlinkt werden alle drei Fotos mit dem persönlichen Einladungsvideo, sodass der Eingeladene beim Klick auf die drei Play-Buttons immer sein Einladungsvideo startet.

Am schnellsten reagiert Dorothee Bär, die Depiereux über Karl Theodor zu Guttenberg kontaktiert. Weitere acht Zusagen treffen ebenfalls sehr schnell ein; allein Janina Kugel sagt ab. Und wer den „alten Fuchs“ Roland Berger kennt, weiß, dass „Fake it until you make it“ mit ihm nicht funktioniert: Als Einziger weist er Depiereux auf die „Verlinkungsfehler“ bei den Videos hin, sagt aber dennoch zu.

Die erste Fahrt findet mit Dorothee Bär statt. Eine sehr spannende Erfahrung für Depiereux und sein Team – nicht nur, weil Depiereux zwei Mal direkt vor der Wohnung der Kanzlerin falsch in die Einbahnstraße fährt. Und weil er bereits am Anfang beweist, dass er nicht gleichzeitig das Auto lenken, die Fragen stellen sowie Weg und Zeit im Blick haben kann, fährt das Begleitfahrzeug ab der dritten Fahrt immer voraus. Kameramann Huber stieg dafür übrigens ab der ersten Fahrt vom Kofferraum in das Begleitfahrzeug um, um die Fahrten bequemer begleiten zu können.

ChangeRider auch im TV

Mit jeder ChangeRider-Fahrt nehmen die Besucher- und Zugriffszahlen auf allen Kanälen enorm zu. Das Netz diskutiert rege über den ChangeRider und dic Gästc. Die Nominierungen für Mitfahrer, die jeder über die Website vorschlagen kann, rauschen nur so rein. Depiereux wird zum SZ-Gipfel der „Süddeutschen Zeitung“ und von BDI-Präsident Dieter Kempf persönlich zum Tag der Deutschen Industrie nach Berlin eingeladen. Weitere Event-Engagements im Ruhrgebiet, auf der Hannover Messe sowie bei der Verleihung des GEN*ZEO Awards folgen. Als redaktionelle Unterstützung gelingt es Christian van Alphen, das Digitalmagazin „t3n“ als Medienpartner an Bord zu holen, die nach jeder ChangeRider-Fahrt eine kurze Zusammenfassung der Gespräche im Magazin abbilden.

15 Monate nach der ersten Fahrt mit Dorothee Bär sind die Zugriffszahlen auf allen Kanälen auf über fünf Millionen angestiegen. Es wurden bisher über 140 Interviews geführt. Gekrönt wird der Erfolg Anfang 2019: Der ChangeRider startet auch im TV bei „Welt der Wunder“.

CHANGERIDER – DER FAHRER

Philipp Depiereux (Jahrgang 1977) stammt aus einer mittelständisch geprägten Familie und bekommt so früh Einblick in die Unternehmenswelt. Sein Großvater baut den Weltmarktführer Viega in Attendorn mit über 3.000 Mitarbeitern auf, sein Vater führt gemeinsam mit seinem Bruder in dritter Generation die Dürener Maschinenfabrik. Nach seinem Betriebswirtschaftsstudium an der International School of Management und Auslandssemestern in Frankreich und den USA steigt der Borussia-Dortmund-Fan zunächst in die Welt der Unternehmensberatung ein, bis 2004 der Wechsel in die Geschäftsführung des Langerweher Kunststofffolien-Herstellers Schoeller Aldo (heute alesco) erfolgt. Dort scheitert Depiereux jedoch nach sechs Jahren vor allem mit den sogenannten disruptiven Innovationen.

Diese Learnings sind es aber auch, die ihn bereits 2010 dazu inspirieren, mit seinen Partnern Philipp Herrmann und Christian Lüdtke etventure zu gründen. Ein Unternehmen, das Organisationen und Start-ups dabei hilft, möglichst schnell neue digitale Kanäle zu erschließen, die Transformation zu bewältigen sowie neue Geschäftsmodelle zu entwickeln. Denn Depiereux hat bei alesco erlebt, wovon er spricht: „Disruptiv gescheitert bin ich aufgrund der herrschenden Beharrungskräfte, Widerstände, perfektionistischen Ingenieursarbeit und der ständigen Kontrolle in der Kernorganisation. Um erfolgreich zu sein, müssen wir bei der digitalen Transformation aber weg von der deutschen ‚Ingenieursdenke' und hin zu Lean-Startup- und Design-Thinking-Methoden. Wir müssen die radikale Nutzerzentrierung in den Vordergrund stellen und uns mehr auf die Geschwindigkeit als auf die Kontrolle fokussieren. Außerdem müssen wir erkennen, dass der Mensch und nicht die Technologie im Vordergrund stehen muss; und wir für die Transformation der Wirtschaft ein völlig anderes Mindset benötigen." Im Jahre 2017 verkaufen Depiereux, Herrmann und Lüdtke etventure mit 250 Mitarbeitern an die Wirtschaftsprüfungsgesellschaft EY. Alle drei sind jedoch weiterhin als Geschäftsführer für etventure tätig.

Als Anhänger der Waldorfpädagogik erzieht der mit seiner Frau in München lebende Depiereux seine vier Kinder (13, 10, 5 und 2 Jahre) komplett ohne digitale Medien. Das heißt, keines seiner Kinder nutzt Smartphone, Tablet oder Spielkonsole, Verabredungen laufen über das Festnetztelefon, nach der Schule wird gemalt und gebastelt statt gedaddelt. Bequem ist diese analoge Erziehung nicht, ganz im Gegenteil: Durch die Allgegenwärtigkeit der digitalen Medien in der Gesellschaft und den laxen Umgang in anderen Elternhäusern ergeben sich zwangsläufig Diskussionen. Es geht Depiereux und seiner Frau dabei aber keineswegs um eine Technologiefeindlichkeit, sondern schlicht darum, die gesunde Entwicklung ihrer Kinder nicht durch den zeit- und kreativitätsraubenden Digitalkonsum zu stören, der so verführerisch und bequem ist, dass eine sinnvolle Beschäftigung und vor allem das Draußen-Spielen gar nicht mehr oder nicht mehr ausreichend stattfindet. Sorge, dass die Kinder später im digitalen Leben nicht Schritt halten können, haben sie nicht. Denn den Umgang mit Smartphone & Co. lernt man schließlich schnell – den verantwortungsbewussten Umgang damit nicht unbedingt.

Mehr Informationen zu Philipp Depiereux gibt es auf depiereux.de

CHANGERIDER – DAS BUCH

Als die Entscheidung fiel, dieses Buch zu schreiben, hatten etwa 40 Personen im ChangeRider Platz genommen. Aus diesen 40 Interviews nur 22 Gespräche rauszusuchen, war eine große Herausforderung. Die Entscheidung fiel zugunsten einer thematisch abwechslungsreichen Mischung. Jetzt, kurz vor dem Buchdruck, liegen bereits über 140 ChangeRider-Fahrten vor – genug Stoff für weitere ChangeRider-Bücher.

Ferner gibt es zu jedem Kapitel im Buch weiteres umfangreiches Material in Form von Presseartikeln, YouTube-Video und Podcast; die Links dazu finden sich am Ende der Kapitel. Und allein aus Gründen der besseren Lesbarkeit wird auf die gleichzeitige Verwendung männlicher und weiblicher Sprachformen verzichtet. Sämtliche Personenbezeichnungen gelten für beide Geschlechter.

VORWORT: MEHR MUT IN RASANTEN ZEITEN

Wir leben in sehr spannenden Zeiten: Digitale Transformation, KI, Agilität, Globalisierung, New Work, Generation Y & Z, massivste Herausforderungen in Bildung, sozialer Gerechtigkeit und Umwelt sowie eine sich ständig verändernde Welt im Allgemeinen (Stichwort: VUCA) stellen Wirtschaft, Politik und Gesellschaft vor völlig neue Herausforderungen.

Seit Gründung treiben wir mit etventure den digitalen Wandel in Deutschland voran. Mein Learning aus den letzten zehn Jahren: Wer sich trotz der Herausforderungen des digitalen Wandels allein auf den Ausbau seines Kerngeschäfts konzentriert, wird verlieren – zuerst Marktanteile und Umsatz, und am Ende seine Organisation. Wer die Digitalisierung angeht, aber nur bestehende analoge Strukturen digitalisiert, wird es langfristig schwer haben, die Erfolgsgeschichte der letzten 10, 50 oder gar 100 Jahre fortzuschreiben.

Unternehmen müssen aus ihrer Saturiertheit herauskommen und sich mutig neuen digitalen Geschäftsmodellen und Innovationen stellen. Um langfristig erfolgreich zu sein, müssen sie ihre Organisationsstrukturen, die eigene Unternehmenskultur sowie das Mindset ändern. Eine große Herausforderung ist dabei, den massiven Wandel parallel zum noch gut funktionierenden Tagesgeschäft zu meistern. Denn mit Themen wie Zeitmangel, fehlende Ressourcen, ein risikoscheues Umfeld, Ungewissheit, fehlende Kompetenzen, Angst vor dem Scheitern und einfach nur Orientierungslosigkeit sind Manager, Mitarbeiter und Eigentümer von Unternehmen täglich konfrontiert.

Dabei dürfen wir in Deutschland als Ingenieursnation nicht nur die Technik in den Vordergrund stellen, sondern nach dem Motto handeln: Human first, Technology second. So, wie die von mir sehr geschätzte Valerie Mocker von Nesta im ChangeRider sagt: „Digitalisierung muss im Alltag der Menschen starten und nicht irgendwo an runden Tischen, wo alte, weiße Männer sitzen und über unsere Zukunft reden.“

Wir haben in Deutschland die besten Voraussetzungen, den digitalen Wandel erfolgreich zu meistern: einen starken Mittelstand, Weltmarktführer, die in ihrer Branche Champions League sind, stabile Außenhandelsverflechtungen sowie ausreichend Kapital auf Unternehmensseite, um den notwendigen innovativen Wandel auch finanziell zu meistern. Darüber hinaus haben wir mit dem gemeinsamen EU-Binnenmarkt den größten Wirtschaftsraum der Welt; beste Voraussetzungen also, um großen Nationen wie China und den USA gegenüberzutreten.

In diesem Buch kommen Menschen zu Wort, die den (digitalen) Wandel bereits erfolgreich gestartet haben. Pioniere, die agieren und sich mit Begeisterung weiteren Herausforderungen stellen. Weil der Wandel aber auch Einfluss auf Bildung und Gesellschaft hat, kommen neben Unternehmens- und Verbandslenkern, Gründern, Digitalexperten, Business Angels und Venture Capitalists auch Pädagogen und Coaches zu Wort. Denn sie alle haben eines gemeinsam: Sie machen Mut für den Wandel, sprechen ehrlich über das Scheitern und über Erfolgsfaktoren.

Und weil ich der festen Überzeugung bin, dass wir nur nachhaltig erfolgreich sind, wenn wir über ein gutes, intaktes und glückliches Familienleben verfügen, habe ich auch eine liebe Freundin in den ChangeRider eingeladen, die im Familiencoaching tätig ist. Ihre Tipps im Umgang mit Kindern und der Digitalisierung sind enorm wertvoll und runden dieses Buch ab.

Ich wünsche viel Spaß beim Lesen sowie viele wertvolle Impulse und Inspirationen.

Ihr PD

22 CHANGERIDER

HEIKE BRUCH
„WIR BEFINDEN UNS IN EINEM UMBRUCH, DER DIE GESELLSCHAFT, DIE UNTERNEHMEN, VOR ALLEM ABER JEDEN EINZELNEN ENORM BETRIFFT“

Prof. Dr. Heike Bruch ist seit 2001 Professorin für Leadership und leitet das Institut für Führung und Personalmanagement und Gründerin der Spin-off energy factory der Universität St. Gallen. Sie studierte Betriebswirtschaftslehre an der Freien Universität Berlin und promovierte an der Universität Hannover. Sie ist Gründerin des Organizational Energy Program und engagiert sich zudem im Vorstand der DGFP (Deutsche Gesellschaft für Personalführung) und des Demographie Netzwerk e.V. (ddn). Dabei gilt ihr Hauptinteresse den Themen Leadership, Employer Branding und organisationale Energie. Seit 2006 hat Bruch die Leitung von TOP JOB inne – einer Initiative zur Auswahl der besten Arbeitgeber Deutschlands.

Die Digitalisierung wird in Deutschland häufig aus der technologischen Perspektive betrachtet. Unberücksichtigt bleibt dabei oft, dass sie grundlegende Veränderungen der

Arbeitswelt zur Folge hat. „Über 90 Prozent der Unternehmen befinden sich bei der sogenannten New Work Transformation auf dem Weg. Sie verändern ihre Unternehmenskultur, ihre Art zu führen und zu arbeiten. Eine Hürde dabei ist jedoch die Ernsthaftigkeit, mit der sie diese Veränderungen angehen. Denn Maßnahmen wie das Einführen einer Duz-Kultur oder das Tragen von Turnschuhen setzen nur an der Oberfläche an. Die wesentlich größere Hürde ist das Entwickeln von Verständnis, Haltung und Werten, die zu einer tiefen Überzeugung führen." Dabei sind viele Unternehmen von den verschiedenen Instrumenten und Maßnahmen der Digitalisierung überzeugt: Sie verändern ihre Arbeitszeiten, erlauben das mobile Arbeiten aus dem Homeoffice oder sonst wo und setzen neue digitale Kommunikationsinstrumente ein. „Problem bei diesen wenn auch sinnvollen Maßnahmen ist, das sie oft auch zu einer Verunsicherung führen. Dann stehen Fragen im Raum wie: Warum machen wir das? In welche Richtung geht das? Was ist erlaubt und was nicht? So führt das mobile Arbeiten bei vielen Führungskräften zu einer Verunsicherung."

Hierbei helfen klare Ansagen wie das Beispiel Microsoft zeigt: Dort herrscht nicht nur Vertrauensarbeitszeit, die Mitarbeiter können auch ihren Arbeitsort selbst auswählen, egal, wo dieser ist. „Microsoft ist in der letzten von fünf Phasen angekommen: Die erste Phase ist geprägt von der klassischen Art zu arbeiten, die aus Anwesenheitspflicht und Organigrammen besteht. In der zweiten Phase sind bereits Homeoffice-Regelungen und flexible Arbeitszeiten möglich. Ab der dritten Phase sind Unternehmen zwar moderner und lassen los, allerdings herrschen auch Unsicherheit und Irritation. In der vierten

Phase bekommen Unternehmen die Unsicherheiten zwar in Griff, regeln die Freiheiten allerdings, was sehr häufig als bürokratisch und einschränkend empfunden wird. Denn so wird die Grundidee, dass Mitarbeiter Freiheiten haben und individualisierter arbeiten können, wieder ausgehebelt. In der fünften Phase sind Organisationen in der Arbeitswelt 4.0 mit dem netzwerkähnlichen Arbeiten angekommen. Die Regeln verschwinden wieder und werden durch sogenannte Kulturnormen, die auf Abstimmung der Mitarbeiter untereinander setzt, ersetzt. Dann haben Unternehmen und Mitarbeiter eine Reife und Kultur entwickelt, bezüglich der Sache zu agieren, es aber nicht bürokratisch zu regeln."

„Ist der Grund klar definiert, ist eine Standortbestimmung ratsam"

Dennoch gibt es Mittelständler, die in der ersten Phase verhaftet sind, ihren Mitarbeitern das Internet am Arbeitsplatz verwehren, auf den Einsatz von Stempeluhren setzen sowie starre Arbeitsregeln und -zeiten haben. Hier eine Transformation zu starten, scheint schier aussichtslos. „Meine Erfahrung zeigt, dass die Auseinandersetzung mit der neuen Arbeitswelt häufig an einen Auslöser wie die Veränderung der Geschäftsmodelle oder das Implementieren einer modernen Strategie gekoppelt ist. Um eine solch tiefgehende Veränderung anzugehen, muss für diese Unternehmen das Warum sehr klar sein. Ist der Grund klar definiert, ist eine Standortbestimmung ratsam. Dafür haben wir den New Work & Culture Check entwickelt, der Unternehmen eine Standortbestimmung ermöglicht und ihnen zeigt, wo sie bezüglich der neuen Arbeitswelt stehen. Die Antwort auf die Frage, wie

Führungskräfte und Mitarbeiter die Ist-Situation wahrnehmen, ist dabei für alle Beteiligten hochgradig spannend. Denn nicht selten wird erstaunt festgestellt, dass Vorbildfunktionen und Vertrauenskultur sowie das Wissen über die Selbstorganisation der Mitarbeiter fehlen." Sich über diese diffusen Themen zu verständigen und sie greifbar zu machen ist ein erster entscheidender Schritt, um sich dann darüber zu verständigen, welche Themen angepackt werden sollen.

Und weil das für Unternehmen, die sich noch in der ersten Phase befinden, ein gewaltiger Schritt ist, sollte der Weg an die zukünftige Unternehmenskultur gekoppelt sein. Das heißt, wer auf Augenhöhe arbeiten oder den Dialog stärken möchte, kann den Veränderungsprozess nicht Top-down vollziehen, sondern braucht Mitarbeiter aus allen Ebenen, die den Prozess mitgestalten und sich einbringen wollen. „Wir haben diesen Prozess kürzlich mit einer traditionellen Bank vollzogen, die ihr Geschäftsfeld und die Kundeninteraktionen, und deswegen auch ihre Führung und Kultur verändern wollte. Um bei ihrer Digitalmission ein gemeinsames Bild mit den Mitarbeitern zu haben, entwickelten die über 40 Geschäftsleiter und Bereichsleiter gemeinsam mehrere Prototypen, um anschließend bei Mitarbeitern, Kunden und Aufsichtsräten Feedback einzuholen. Interessant war, dass der Prototyp des CEO (der als dieser nicht gekennzeichnet war) nicht das beste Feedback erhielt. Die Ungewissheit, in welche Richtung sich die Gespräche entwickeln, waren daher für einige Führungskräfte befremdlich. Die Mitarbeiter hingegen fühlten sich durch das Einbeziehen sehr wertgeschätzt. Was zeigt, dass bereits bei der Strategieentwicklung die neue Kultur angewandt werden sollte; und nicht erst bei der Implementierung."

Auf keinen Fall sollte es eine One-Man-Show des CEO werden, sondern generell die gesamte Geschäftsleitung betreffen. Und wollen Mitarbeiter selbst etwas verändern, sollten Organisationen auf diese sogenannte Grassroot-Initiative der Mitarbeiter sensibel reagieren und sie fördern. Dazu gehört, auf Augenhöhe zu agieren und Gesprächsanteile gerecht zu verteilen. „Rutscht ein Team dabei immer mal wieder in alte Muster, muss gegengesteuert werden. Ansonsten leidet die Glaubwürdigkeit, was negative Folgen für den Gesamtprozess hat."

„Wir haben uns unter anderem die persönlichen Voraussetzungen von Führungskräften angeschaut"

Interessant ist in diesem Zusammenhang eine Studie über die Voraussetzungen für Führung, die Bruch mit ihrer Kollegin Sandra Berenbold in Zusammenarbeit mit der Bertelsmann Stiftung umgesetzt hat. „Wir haben uns unter anderem die persönlichen Voraussetzungen von Führungskräften angeschaut. Bemerkenswert dabei war eine Kombination einerseits aus Führungsmotivation und andererseits aus Willenskraft oder Selbstsicherheit versus Selbstzweifel. Im Durchschnitt sind 30 Prozent der Führungskräfte sehr motiviert und wollen führen, haben aber Selbstzweifel, ob sie die Fähigkeiten dazu besitzen. Befinden sich Unternehmen nun in der New Work Transformation, steigen bei diesen 30 Prozent zwar auch die Motivation, vor allem aber auch der Selbstzweifel stark an. Denn durch den Wegfall von Hierarchien und Performance Management Instrumenten sind sie stark verunsichert und trauen sich nicht mehr zu führen." Abhilfe schafft, neue Rollen zu definieren und sie einzuüben. Und auch wenn man bei dieser Art der Führung nicht alle Führungskräfte mitnehmen kann, ist es wichtig, alle ins Boot zu holen. Denn der Veränderungsprozess ist ohne Führungskräfte nicht möglich. „Bekommen die, die diesen Weg gehen wollen, ausreichend Zeit und werden durch Coaching und Ähnlichem unterstützt, sind sie auch weiterhin handlungsfähig."

"Entscheidend für den Erfolg ist, sich im Klaren zu sein, in welcher Welt man sich gerade befindet"

Für Heike Bruch bedeutet New Work dabei, neue Arbeitsformen zu verwenden. Dazu gehören acht typische neue Arbeitsformen: flexible Arbeitszeiten, mobiles Arbeiten, Desk Sharing, neue Arbeitsmethoden, virtuelle Teams, fluides Arbeiten, digitale Technologien sowie digitale Kommunikation. „Der Schritt von stark hierarchieorientierten Organisationsstrukturen hin zu Netzwerkorganisationen ist enorm und betrifft neben kulturellen vor allem auch führungsbezogene Aspekte. Das heißt, Mitarbeiter und Führungskräfte müssen diesen Schritt nicht nur gehen können, sondern auch gehen wollen. Denn New Work überträgt ein deutlich höheres Ausmaß an Entscheidungsfreiheit auf Mitarbeiter." Um neue Arbeits- und Denkweisen erfolgreich zu gestalten, müssen Veränderungsprozesse etabliert werden. Denn Organisationen müssen heute einerseits fähig sein, Bestehendes zu perfektionieren, andererseits auch gleichzeitig Innovationen zu entwickeln und auszuprobieren. „Entscheidend für den Erfolg ist daher, sich im Klaren zu sein, in welcher Welt man sich gerade befindet: Bin ich in der Exekution, in der Effizienz und Stabilität herrscht; oder bin ich in der Exploration, die geprägt ist durch das Ausprobieren von neuen Entwicklungen? Die

Herausforderung dabei ist, mit der richtigen Welt die richtigen Schritte zu gehen.“ Das heißt, man muss ganz genau unterscheiden, ob es um Effizienz, Bestehendes zu reproduzieren sowie Perfektion und Sicherheit geht. Oder ob man in einem Bereich ist, in dem schnell etwas ausprobiert werden soll. „Diese Reinkultur der zwei Welten wird beispielsweise im Motorsport deutlich: An der Rennstrecke herrscht keine Basisdemokratie und kein Scheitern, sondern Exekution. Bei der Fahrzeugentwicklung, wo es viele Innovationen gibt, muss ausprobiert und getestet werden. Und um schnell zu sein (was im Motorsport essenziell ist), ist hier partnerschaftliches Arbeiten wichtig.“ Unternehmen müssen sich im Klaren sein, ob sie sich gerade an der Rennstrecke oder bei der Fahrzeugentwicklung befinden – und welche Kultur und Art der Führung dafür notwendig ist. Denn jeder Bereich muss genau verstehen, warum der jeweils andere anders arbeitet; und was er zum Gesamterfolg beiträgt.

„Der Perfektionismus trifft auf neue Anforderungen“

Ob man in der Exekution oder Exploration ist, gilt nicht nur für Unternehmensbereiche, sondern auch für Führungskräfte und Teams. Führungskräfte benötigen dafür eine gewisse Beidhändigkeit, was eine große Herausforderung darstellt. Denn einerseits sind im Alltag Qualitätsdenken, Optimierung und Hochleistung gefragt. Andererseits geht es um das Umbauen und Neuausrichten der Organisation. „Der Perfektionismus trifft auf neue Anforderungen wie Out-of-the-box-Denken oder fail often, fail fast, fail cheap. Diese vermeintlich widersprüchlichen Anforderungen gilt es zu verstehen, in Einklang zu bringen und Teams nahezubringen –

extrem herausfordernd für Führungskräfte." Dabei können Unternehmen unterschiedliche Modi mit multimodaler Führung haben: Sie können sich sogenannten U-Boot-Projekten widmen, die nicht offiziell sind, weil sie zum Beispiel auch gegen das eigene Business gehen. Einen Start-up-Bereich implementieren, der völlig losgelöst vom Unternehmen agiert. Oder mit einer Organisation zusammenarbeiten, die völlig branchenfremd ist. „Dabei verständigen sich alle über den Modus, kennen die Spielregeln und können vom Mindset her umschalten. Die Gefahr dabei ist, alles über einen Kamm zu scheren, das Alte zu verteufeln und das Neue zu verherrlichen. Dann nämlich spielt man Alt gegen Neu aus – etwas, was in vielen Unternehmen aktuell passiert. Statt aber die Tradition abzuwerten, sollte man vielmehr schauen, was das Neue beitragen kann und wo man was verändern sollte."

"Wer Frauen in Führungspositionen möchte, braucht eine Unternehmenskultur, die Frauen anspricht"

Ein weiterer entscheidender Hebel ist die Auswahl der richtigen Mitarbeiter. Um den demografischen und gesellschaftlichen Wandel strategisch in den Unternehmen zu verankern, braucht es ein Diversity-Management. Dabei geht es aber nicht nur um Einzelmaßnahmen. Diversity beinhaltet vielerlei: die Fokussierung auf Ältere, auf Frauen in Leitungs- und Führungspositionen, die Vereinbarkeit von Familie und Beruf, das Zusammenarbeiten verschiedener Generationen, den Anteil von Beschäftigten mit Migrationshintergrund sowie eine Reaktion auf die unterschiedlichsten Lebensmodelle. „Wer Frauen in Führungspositionen möchte, braucht eine Unternehmenskultur, die Frauen anspricht. Solange die

Unternehmenswelt aber hierarchisch geprägt ist, aus Alphatieren besteht sowie auf lange Arbeitszeiten ohne Sinn und Verstand setzt, gehen Frauen eher in die Selbstständigkeit als ins Angestelltenverhältnis.“ Wer sich also Frauen in Führungspositionen wünscht, muss sich um sie bemühen. Besetzt man allerdings bestimmte Positionen immer wieder mit Frauen, ist die Gefahr groß, dass nicht nur die Frauen diskreditiert werden, sondern auch die Jobs. Ein gutes Beispiel ist hier der HR-Bereich, der oftmals für Frauen reserviert zu sein scheint. „Ein weiterer, nicht zu unterschätzender Aspekt ist die Deep Level Diversity: die Vielfalt unter der Oberfläche, die nicht sichtbare Merkmale wie Haltung, Werte und Unsicherheiten betrifft.“ Ferner werden Forderungen laut, dass alle extrem digital sein sowie mit Change umgehen und sich selbst managen können müssen. Wer das nicht schafft, wird in der neuen Welt nicht mehr gebraucht. „Eine sehr gefährliche Haltung, denn dann haben wir tatsächlich Gewinner und Verlierer – eine Entwicklung, die tief in die Gesellschaft wirkt. Wir sollten vielmehr stärkenorientiert agieren: Wer hat welche Anlagen und Stärken? Und wo werden die konkret gebraucht? Denn nicht alle können durch einen fundamentalen Change zu anderen Menschen werden.“

Im Januar 2016 startete Bruch an der Universität St. Gallen das Projekt „Pioneering Future Leadership and Work“ mit der zentralen Idee, Fragestellungen der Arbeitswelt 4.0 zu untersuchen und einen Austausch von Pionieren in der neuen Arbeitswelt zu ermöglichen. „Weil die Wege in der neuen Arbeitswelt oft uneben sind und zu Fehler führen, die man aber nicht alle selbst machen muss, sondern durch den Austausch vermeiden kann, tauschen sich hier 17 Unternehmen, die in der neuen Arbeitswelt Vorreiter sein wollen, untereinander aus. Was hier vor allem zum Tragen kommt, ist die Verantwortung für die Employability der Mitarbeiter. Das heißt, allen Mitarbeitern eine Perspektive geben, sie begleiten und bei der Veränderung unterstützen – mit einem hohen Verantwortungsanteil der Mitarbeiter. Es wird aber auch Veränderungen geben, wo nicht mehr alle mitgenommen werden können, weil sich Arbeitsplätze und Anforderungen fundamental verändern. Dann haben die Organisationen die Verantwortung zu schauen, wie jeder arbeitsmarktfähig bleibt."

"Erschreckend ist der Erschöpfungsgrad der Mitarbeiter"

Laut einer Studie des Instituts für Führung und Personalmanagement der Universität St. Gallen sind über 90 Prozent der Unternehmen auf dem Weg zur neuen Arbeitswelt; 25 Prozent von den fast 20.000 befragten Führungskräften und Mitarbeitern aus 92 Unternehmen sind bereits in der neuen Arbeitswelt angekommen und nutzen neue Arbeitsformen. Von diesen 25 Prozent sind aber nur sechs Prozent erfolgreich. „Die Unternehmen machen beim Eintritt in die neue Arbeitswelt zunächst einen Rückschritt. Das heißt, es ergeben sich negative Konsequenzen für die Performance, Innovation, Produktive Energie und die Mitarbeiterbindung." Erschreckend ist in diesem Zusammenhang der Erschöpfungsgrad der Mitarbeiter, der einen deutlich erhöhten Krankenstand zur Folge hat. Während die unvorbereitete Einführung neuer Arbeitsformen Auslöser für diese negative Entwicklung ist, sind die vier Faktoren Führung mit Vision und Inspiration, Vertrauenskultur, flexible Strukturen sowie Selbstkompetenz der Mitarbeiter maßgeblich für den Erfolg. Setzen Unternehmen hingegen auf bürokratische Strukturen, Kontrollen, Kennzahlen und Silos, ist der Einsatz neuer Arbeitsformen unmöglich.

„Nur wer bei der Flut an Optionen weiß, was er will, kann seine Welt verantwortungsvoll gestalten"

„Wir befinden uns in einem fundamentalen Umbruch, der Gesellschaft und Unternehmen, vor allem aber jeden Einzelnen persönlich enorm betrifft. Daher muss sich jeder Gedanken darüber machen, was dieser Umbruch für ihn als Individuum bedeutet. Und sich die Frage beantworten, wie man die Arbeitswelt für sich selbst gestalten möchte. Denn nur wer bei der Flut an Optionen weiß, was er will, kann seine Welt verantwortungsvoll gestalten. Ein teilweise sehr beschwerlicher Weg, aber ohne das wird es nicht gehen. Dabei darf der Change weder an der Oberfläche bleiben, noch sollte man zum Getriebenen werden.

Mehr über Heike Bruch sowie Links zu den verschiedenen ChangeRider-Formaten gibt es hier:http://people.changerider.com/hbruch

JOACHIM SCHOSS
„WIR BRAUCHEN REVOLUZZER“

Joachim Schoss legt eine beachtliche Karriere hin: Nach seinem Betriebswirtschaftsstudium startet der 1963 in Essen Geborene zunächst als Angestellter bei einer Unternehmensberatung. Dort hält es den Betriebswirt allerdings nicht lange. Mit 27 Jahren gründet er die TellSell Consulting GmbH, mit 29 Jahren das Callcenter Telcare, mit 34 möchte er verkaufen. Er lernt Ross Perot kennen, der ihn und seinen Geschäftspartner Arndt Kwiatkoswki 1997 in die USA einlädt, um beide von Perot Systems als Käufer zu überzeugen. Ein Glücksfall für Schoss und Kwiatkoswki, dort nämlich lernen sie das Konzept der Online-Marktplätze kennen. Bereits auf dem Rückflug von den USA nach Deutschland kreieren sie die Scout24-Idee.

Joachim Schoss gründet 2004 das internationale Projekt MyHandicap und engagiert sich seitdem für ein möglichst selbstbestimmtes Leben von Menschen mit Behinderung, vorzugsweise inmitten der Gesellschaft. Um dieses Engagement verstehen zu können, muss man einen Blick auf sein Leben werfen – was sich in zwei Hälften teilt: Das Leben vor seinem schweren Motorradunfall und das Leben danach. „Ich habe bis zu meinem Unfall die Attitüde gehabt: failure is not an option. Taucht ein Problem auf, musst du einfach nur deine Energie erhöhen. Dann wird es schon gut gehen. Hat eigentlich auch ganz gut funktioniert.“ Bis zum November 2002. Schoss ist mit einem Freund in Südafrika im Urlaub. Am letzten Tag ihrer Motorradtour hat er einen Unfall mit einem betrunkenen Autofahrer: Beim Überholmanöver übersieht er den entgegenkommenden Schoss auf seinem Motorrad. Mit verheerenden Folgen, der Essener verliert sein rechtes Bein und seinen rechten Arm.

“Der Unfall selbst hat nicht so viel Auswirkung auf mein Leben gehabt wie mein Nahtoderlebnis“

Es beginnt sein Kampf auf Leben und Tod. „Die Ärzte hatten mich aufgegeben, ich war auf dem Weg zur anderen Seite. In diesen letzten Minuten fragst du dich nicht nach deinem Kontostand oder klopfst dir auf die Schulter für deine produzierten Unternehmenswerte – übrigens Dinge, mit denen ich mich klassischer Weise vor meinem Unfall positioniert habe. Die Frage am Ende des Lebens ist, habe ich genug geliebt? Wie waren meine Beziehungen zu den mir nahestehenden Menschen? War ich ein guter Vater? Ein guter Partner? Ein guter Freund? Ein guter Bruder? Und auch, ein guter Chef, ein guter Kollege? Wie habe ich mich im Einzelnen gegenüber meiner Umwelt verhalten? Dieses Nahtoderlebnis und die Erkenntnis daraus hat mein Leben mehr verändert als die Tatsache, dass ich jetzt mit einem Bein und einem Arm rumlaufe. Der Unfall selbst hat nicht so viel Auswirkung auf mein Leben gehabt wie mein Nahtoderlebnis.“

Als guter Unternehmer hatte Schoss vorgesorgt und einen Vertreter für den Fall der Fälle benannt. Der handelt und verkauft auch ein Jahr nach seinem Unfall seine Scout24-Anteile an die Deutsche Telekom. Geld, was Schoss nicht nur für seine Regeneration gut gebrauchen konnte. Bereits in der Reha stellt er fest, dass es kein allgemeines Informationsportal zum Thema Behinderung gibt. Kurzerhand investiert er einen Teil seines Vermögens in die Gründung der Stiftung und die gleichnamige Internetseite MyHandicap. Das Internetportal informiert zu verschiedenen Aspekten des Lebens mit Behinderung: von medizinischen und psychologischen Fragen, über technische Hilfsmittel, rechtliche und wirtschaftliche Probleme bis hin zu Sport, Reisen und Partnerschaft. „Die Digitalisierung kann eine neue Behinderungsform fördern. Nämlich dann, wenn man digitale Produkte nicht (mehr) nutzen kann. Dann scheidet man aus der Gesellschaft aus." Als er bei einem Vortrag gefragt wird, ob er eher auf seine Beinprothese (die sein ganzes Bein ersetzt) oder sein Smartphone verzichten würde, muss er intensiv nachdenken. „Ich glaube, in der heutigen Welt kann man besser mit einem Bein und Smartphone leben, als mit zwei Beinen und ohne Smartphone."

Zurück ins Jahr 1998: Die Gründungsjahre von Scout24 waren alles andere als einfach. „Auch wenn wir am Ende mit AutoScout24 und Immobilien-Scout24 natürliche Monopole schafften, der Anfang war alles andere als easy. Hat man kein Angebot, bleibt die Nachfrage aus. Fehlt die Nachfrage, bleibt das Angebot aus. Entsprechend mühsam gestaltete sich unsere Partnersuche. Denn 1998 verstanden weder Verleger noch Automobilpartner das Internet. Folglich groß war die Skepsis dem Konzept gegenüber und überheblich ihr Auftreten. Die größte Offenheit zeigte damals die Immobilienbranche.“ Auch war nicht klar, wer das Rennen um die Online-Marktplätze machen würde. Der Wettbewerbsvorteil von Scout24 war seinerzeit, nicht ausschließlich auf online zu setzen, sondern auch ein Callcenter zu betreiben. „Von den ersten 1.000 Anfragen gingen damals bestimmt 990 über unseren Callcenter ein. 30 Leute sorgten also für den Traffic der Anbieter. Ergänzend dazu hatten wir im Keller eine große Druckmaschine, um Exposés ausdrucken und an Interessenten per Post verschicken zu können.“

„Das beste Angebot, was wir damals bekommen haben, war von einem Verleger“

Dass niemand ein Investitionsinteresse an Scout24 hatte, war rückblickend ein Riesenglück. „Das beste Angebot, was wir damals bekommen haben, war von einem Verleger, der gern die Mehrheit von 51 Prozent zum nominalen Betrag erwerben wollte – mit dem freundlichen Angebot, uns gewähren zu lassen. Nicht mit dem Angebot, uns sein Kleinanzeigengeschäft zu geben.“ Hätte sich das Start-up seinerzeit mit nur einem einzigen Verleger zusammengetan, hätten sie vor allem in Deutschland nicht diese Entwicklung gemacht. Auch hätten die Konflikte zwischen etablierten Unternehmen und Start-ups die Entwicklung von Scout24 enorm gebremst. „Ich kann Start-ups daher nur raten, sich nicht zu früh mit strategischen Partnern zu verbünden.“

Start-ups sind die Forschungs- und Entwicklungsabteilungen unserer Wirtschaft: Sie produzieren Phänomene, die große Organisationen vor enorme Herausforderungen stellt. Sie entdecken neue Märkte, die Konzernen fremd sind. Sie sind agil, verzichten auf klassische Unternehmensprozesse und -abläufe, agieren fern von klassischen Marktregeln. Wenn etablierte Unternehmen und Start-ups wie Feuer und Wasser sind, verwundert es nicht, dass es unglaublich schwierig ist, diese zwei Kulturen zusammenzubringen. „Ich habe viel Zeit in Unternehmen und Start-ups verbracht. Ich kenne beide Kulturen also sehr gut. Die Start-up-Mentalität in etablierte Unternehmen hereinzubringen, ist sehr schwer. Als Unternehmer einer etablierten Organisation trage ich die Verantwortung, den vorhandenen Wert zu schützen.“

„Um zu disruptieren, muss ich von der Persönlichkeitsstruktur ein Revoluzzer sein“

Und obwohl wir uns in einer Zeit mit hoher Veränderungsgeschwindigkeit befinden und viele Unternehmen aufpassen müssen, nicht das Kodak-Ende zu nehmen, gehört Disruption nicht zur Erwartungshaltung von Eigentürmern etablierter Unternehmen. Es gibt also die Notwendigkeit, sich mit der Disruption auseinanderzusetzen. „Um zu disruptieren, muss ich von der Persönlichkeitsstruktur ein Revoluzzer sein. Ich muss alles Alte hinterfragen, muss kritisieren, muss anzweifeln. Schaut man sich die Mentalität eines Start-up-Gründers an, erkennt man, er fängt bei null an. Er hat nichts zu verlieren, sondern muss stattdessen angreifen. Er muss Investoren eine möglichst große Geschichte erzählen. Er muss zeigen, wie umfangreich und bedeutungsvoll die Veränderung ist, die er mit seinem Start-up erreicht.“

Auf der einen Seite sind also die Start-up-Revoluzzer, die alles hinterfragen. Die jeden Stein umlegen und etwas komplett Neues bauen müssen, um für Investoren attraktiv zu sein. Auf der anderen Seite sind die Verantwortlichen etablierter Unternehmen, die schützen müssen, was da ist, und dementsprechend vorsichtig agieren. „In den meisten Branchen herrscht ein enormer Druck. Man hat vieles ausoptimiert, hat also kaum Handlungsspielraum. In dieser Situation fehlt Unternehmen die Freiheit, ein Team allein für die Disruption aufzustellen.“ Allerdings stehen auch Start-ups irgendwann vor Prozessen, in denen etablierte Unternehmen mehr Know-how haben. Dann sind etablierte Unternehmen Best Owner für Start-ups. Ein Nutzen für beide Seiten: Das Start-up profitiert von den Erfahrungen und Kontakten der etablierten Organisation. Die wiederum entwickelt durch die Zusammenarbeit eine Offenheit, nicht sofort mit Konzern-Instrumenten zu agieren – erst recht, wenn man später das Start-up in den Konzern integrieren möchte. Ist ein Start-up jedoch zeitgemäßer aufgestellt und erfüllt die Kundenbedürfnisse besser, kann ein radikaler, aber Erfolg versprechender Weg sein, das etablierte Geschäft ins Start-up zu integrieren. „Das sollte aber behutsam erfolgen. Etablierten Organisationen ihre DNA zu nehmen, kann ihr Geschäft ebenso gefährden, wie einen 25-Jährigen Start-up-Gründer zum CEO eines etablierten DAX-Konzerns zu machen.“

Erfolgreiche Unternehmer glauben, Herr ihres Schicksals zu sein. Wer immer anderen die Schuld gibt, nie um Ausreden verlegen ist, sollte daher nicht Unternehmer werden. Der nämlich hat stets die Verantwortung für alles – und kann sich entsprechend nur an die eigene Nase fassen. „Zum anderen haben erfolgreiche Unternehmer ein ordentliches Selbstbewusstsein. Ihr Glaube, dass sie ihre hochgesetzten Ziele auch erreichen, lässt sie bisweilen allerdings auch unangenehm erscheinen. Außerdem, und das differenziert wahrscheinlich am meisten, haben sie den Biss oder die Triebfeder nach dem Motto: Ich will irgendjemandem irgendetwas beweisen."

„Ich bin ein großer Fan von Frauen als Unternehmerinnen!"

Schoss weiß, wovon er spricht, denn der Entwicklung von Scout24 stand die Selbstüberschätzung der Gründer im Weg. „Wir haben mit Scout24 viel zu früh expandiert. Zwar war die Überlegung richtig, wenn man zu den First Movern gehören will. Wir haben uns jedoch total überschätzt, dass wir das alles gleichzeitig stemmen können. Zu diesem Zeitpunkt gab es ja nicht nur Auto- und ImmobilienScout24, sondern auch HealthScout24, Finance-Scout24 usw." Am Ende schufen die Gründer aber dennoch ein durchaus profitables Unternehmen mit ImmobilienScout24 in Deutschland und der Schweiz sowie ein paar anderen AutoScout24-Ländern. „Man kann sich viele Fehler erlauben, wenn man ein Geschäft mit hoher Marge hat. Heute allerdings beschäftige ich mich mehr und mehr mit Social Entrepreneurship, wo die Marge schon minimal ist. Wenn du dann zwei Fehler machst, bist du eigentlich schon erledigt."

In Deutschland sind Vorstände noch immer überwiegend männlich, nur wenige Frauen schaffen den Karrieresprung nach ganz oben. Dabei ist ihr Einfluss auf Unternehmen positiv, wie die Studie „Empirical Studies on Gender Diverse Boards: Be Aware of the Value Bias in Corporate Debt" zeigt. „Ich bin ein großer Fan von Frauen als Unternehmerinnen! Leider sind immer noch viel zu wenig in Führungspositionen oder in Gründerteams. Ein Unternehmen meiner Frau beispielsweise führt Persönlichkeitsmessungen durch, die bei Rekrutierungsprozessen und Teambildungen zum Einsatz kommen. Damit werden Persönlichkeitseigenschaften wie Dominanz, Sicherheitsorientierung, Empathie, Rationalität, Bindungsorientierung etc. abgefragt. Bisher haben über 40.000 Menschen an der Messung teilgenommen. Der Mittelwert der Männer zeigt dabei, dass sie dominanter, also durchsetzungswilliger sind. Der Mittelwert der Frauen zeigt, dass sie sicherheitsorientierter sind. Das ist jetzt sehr allgemein, aber vielleicht ist das Verhalten genetisch programmiert: Frauen bekommen die Kinder, haben vor allem in der Schwangerschaft die Verantwortung, eine Sicherheitsorientierung hat sich also bewährt."

„Ein exzellentes Gründerteam hat mindestens eine Frau"

Gläserne Decken oder verkrustete Rollenmuster erschweren Frauen nach wie vor den Weg in die Führungsetagen. Sinnvoll ist sicher nicht, Frauen wider ihrer Natur risikofreudiger zu machen. Ferner hat Risikoaversion in einem Gründerteam auch einen bedeutenden Beitrag. „Ich würde Frauen nicht zu besseren Männern machen, denn ihre vielen positiven Eigenschaften wie stärkere Bindungsorientierung und Empathie sind neben Vision, Durchsetzungswillen und Perfektionismus essenzielle Elemente eines guten Gründerteams. Daher hat meiner Meinung nach ein exzellentes Gründerteam mindestens eine Frau." Der Female Founders Monitor macht deutlich, dass Frauen in der Start-up-Welt unverändert drastisch unterrepräsentiert sind. Vor allem externe Finanzierungen sowie die Vernetzung zur etablierten Wirtschaft stellt Gründerinnen-Teams vor große Herausforderungen. „Männer verfügen meist über enormes Selbstvertrauen und Selbstbewusstsein – wichtige Eigenschaften für gute Unternehmer. Sie haben das Gefühl, ihnen gehört die Welt und erobern sie. Frauen hingegen sind sehr viel bescheidener, treten weniger aggressiv auf – vor allem beim Erobern. Und auch wenn Start-ups vor allem Märkte erobern müssen, empfehle ich Gründerteams, mehr Frauen in die Führungsebene zu holen. Denn Unternehmen mit einem hohen Anteil weiblicher Führungskräfte gelingt es besser, ihre Risiken zu senken und nachhaltigen Erfolg sicherzustellen."

„In unserer Zeit mit der hohen und weiter beschleunigenden Veränderungsgeschwindigkeit braucht es politische Start-ups"

Disruption entsteht immer dann, wenn alte Systeme träge werden, überheblich sind und keine Vision haben. Daher kommt Disruption auch mehr aus Start-ups und weniger aus etablierten Unternehmen. Und auch die Politik mit ihren sehr traditionellen Strukturen und ihren etablierten Parteien agiert träge, selbstgerecht und zukunftsblind. „In unserer Zeit mit der hohen und weiter beschleunigenden Veränderungsgeschwindigkeit braucht es politische Start-ups. Wir brauchen in der Politik das revolutionäre Denken, was sich in der Wirtschaft und den Start-ups bereits niederschlägt – und so die Wirtschaft enorm belebt. Das lässt unsere aktuelle Politik praktisch aber nicht zu. Wenn sie sich verändern wollen würde, könnte sie Menschen verschiedener Fachrichtungen zusammenbringen und gemeinsam an Prototypen tüfteln lassen. Denn ob Brexit oder Trump, diese Entwicklungen spiegelt das Bedürfnis der Bürger nach Disruption wieder. Leider haben sie in der Politik aber nur eine Option, um zu zeigen, dass sich etwas ändern muss. In der Wirtschaft hingegen existieren viele Start-ups. Hier setzen sich nur die mit sinnvollen Veränderungen und besseren Konzepten durch. Eine hoch riskante Entwicklung in der Politik. Wir sollten daher mehr Revolution in der Politik erlauben."

„Die Ausbildung von Pädagogen muss neu gedacht werden"

Aber auch in der Bildung, die eigentlich die beste Zukunftsinvestition ist, sieht es düster aus. Dabei ist die Digitalisierung nur eine der Baustellen im Bildungsbereich. „Die Ausbildung von Pädagogen muss neu gedacht werden. Viele Lehrer sind nicht IT- und technikaffin, vielmehr sind es die Schüler, die digitalaffin sind. Bettermarks, eine meiner Beteiligungsgesellschaften, hat die gesamte Schulmathematik digitalisiert in ein interaktives, adaptives Online-Learning-System. Es passt sich an die Fähigkeiten des Schülers an, versteht, was der Schüler nicht kann und hilft ihm mit Nachhilfeeinheiten. Es ist nachweislich deutlich effizienter als die Schule. Aber bis solche Systeme eingeführt sind, vergehen zehn und mehr Jahre."

Dabei wird die künstliche Intelligenz einen wesentlichen Einfluss auf die Welt haben. „Europa hat an vielen Stellen den Anschluss verpasst. Wir sind zwar in der Industrie und auch bezüglich IOT gut. Bezüglich der künstlichen Intelligenz jedoch sind wir Schlusslicht – vor allem wenn man sich anschaut, wer die Weltmacht anstrebt. Von Amerika über Russland bis China, die zumindest teilweise ernst zu nehmen sind, steht Deutschland in der zweiten Reihe. Daher müssen wir uns darauf einstellen, dass die Welt der Zukunft von anderen Kontinenten beherrscht wird."

„Was macht KI mit uns Menschen?"

Und obwohl es immer schon gravierende Veränderungen gab, stehen viele Menschen der künstlichen Intelligenz ängstlich gegenüber, denn sie befürchten, von ihr abgelöst zu werden. „Ich glaube, hier hilft nur Aufklärung. Wir haben einen Paradigmenwechsel: Die letzten 100.000 Jahre haben Hilfsmittel wie Werkzeuge den Menschen ermöglicht, sich auf Dinge zu konzentrieren, die er besser kann. Körperliche Arbeit wurde von geistiger Arbeit abgelöst – der Mensch wurde körperlich schwächer. Durch KI verlieren wir den letzten Wettbewerbsvorteil des Menschen, denn wir delegieren das Denken an Maschinen. Wir eliminieren also das Wissen und im nächsten Schritt das Denken. Treffen Maschinen zukünftig unsere Entscheidungen, werden wir ferngesteuerte Wesen einer hoffentlich wohlwollenden digitalisierten Technikwelt."

Die gefährlichsten Phasen werden sein, wenn KI von den Interessen weniger Menschen gesteuert wird und sich dann komplett verselbstständigt. „Was macht KI dann mit uns Menschen? Findet KI dann, dass unser Planet mit zehn Milliarden Menschen gut und nachhaltig bestückt ist, oder kommt KI zu ähnlichen Schlüssen wie ein Jäger, der in seinem Gebiet für Ordnung sorgt? Wir leben sicher noch die nächsten 20 Jahre im Zenit der Menschheit. Aber über unsere Kinder, die das 22. Jahrhundert erleben werden, mache ich mir schon Gedanken. Ich möchte nicht in einer total Technik dominierten Welt von meinen Kindern gefragt werden, ob ich nicht gesehen habe, was auf uns zukommt."

Mehr über Joachim Schoss sowie Links zu den verschiedenen ChangeRider-Formaten gibt es hier:
http://people.changerider.com/jschoss

DOROTHEE BÄR
„WIR MÜSSEN DEN CHANGE IN DIE KÖPFE DER MENSCHEN BEKOMMEN"

Dorothee Bär, 1978 in Bamberg geboren, lebt mit ihrem Mann und den drei gemeinsamen Kindern in Ebelsbach. Ihr Studium der Politikwissenschaften absolvierte die Digitalministerin an der Hochschule für Politik in München sowie am Otto-Suhr-Institut der Freien Universität Berlin. 1992 tritt Bär in die Junge Union ein, 1994 in die CSU. Seit 2001 ist sie Mitglied im CSU-Parteivorstand, seit 2002 Mitglied des Bundestages. Von 2009 bis 2013 war sie Sprecherin der CDU/CSU-Bundestagsfraktion für Familie, Senioren, Frauen und Jugend, und von Dezember 2013 bis März 2018 Parlamentarische Staatssekretärin beim Bundesminister für Verkehr und digitale Infrastruktur. Seit März 2018 ist sie Staatsministerin für Digitales.

Mit Dorothee Bär hat Deutschland erstmals eine Staatsministerin für Digitalisierung. Ihre Aufgabenliste ist dabei lang und reicht vom Ausbau der digitalen Infrastruktur über selbstfahrende Fahrzeuge bis hin zu Flugtaxis. Dafür hat die Staatsministerin verschiedene Kommissionen gebildet, die sich mit unterschiedlichen Fragestellungen auseinandersetzen. So beschäftigt sich die Datenethik-Kommission bei selbstfahrenden Fahrzeugen zum Beispiel mit Fragen zu Sachschäden, die selbstverständlich Personenschäden vorzuziehen sind. Was simpel klingt, ist bei selbstfahrenden Fahrzeugen in Unfallsituationen eine Herausforderung: Was tun, wenn das Fahrzeug sich zwischen links (einer Gruppe von älteren Menschen) und rechts (einer Gruppe von jungen Menschen) entscheiden muss? Wer hat mehr Recht, verschont zu bleiben? Oder was ist mit der Person in dem selbstfahrenden Auto? Ist es besser, das Auto fährt gegen die Wand, da so nur eine Person zu Schaden kommt? Als sehr großes Anliegen der Bevölkerung hat sich auch der Bildungsbereich herauskristallisiert. Eine Herausforderung für den Bund, da die jeweiligen Länder zuständig sind. Und egal, was Bär zur Bildung sagt, bei dem Thema erhält sie die stärksten Reaktionen aus der Bevölkerung. „Es gibt Schulen, die in der digitalen Entwicklung sehr weit sind. Die in ihrem Lehrplan die Basics der Programmierung aufgenommen haben. Es gibt aber auch die totalen Gegner, die mir schreiben: WLAN ist das neue Asbest an den Schulen. Und man soll das mal lassen und die Kinder damit nicht behelligen.“

„In den ersten Tagen lagen plötzlich 2.000 Bürgerschreiben zur Herausforderung der Digitalisierung auf meinem Tisch“

Unterschätzt hat Bär in ihrer neuen Position den Dialog mit der Bevölkerung. „In den ersten Tagen lagen plötzlich 2.000 Bürgerschreiben zur Herausforderung der Digitalisierung auf meinem Tisch. Ein deutliches Signal, dass bisher ein

Ansprechpartner gefehlt hat." Sicher ist Bär, dass sich Amt und Aufgaben innerhalb der Legislaturperiode verändern werden. Und dankbar für eine gewisse Beinfreiheit, die ihr dabei eingeräumt wird. „Es wäre schlecht, wenn wir jetzt schon festlegen, was in den nächsten Jahren auf uns zukommen wird." Und dann ist da noch das Stadt-Land-Gefälle und die Frage, wie hier eine Gleichwertigkeit der Verhältnisse geschaffen werden kann. „Ich bin der festen Überzeugung, dass durch die Digitalisierung das Landleben kurz- und mittelfristig das Stadtleben schlagen wird. Noch zieht es viele in die Stadt, da hier die Arbeit ist und die Wege kürzer sind. Verkürzen sich jedoch Wege und ist die Arbeit im Homeoffice oder in der Nähe möglich, dann muss ich nicht mehr vom Land in die Stadt ziehen." Und weil die Digitalisierung häufig an den Menschen scheitert, ist es sinnvoll, weniger abstrakt darüber zu sprechen, sondern stärker die individuellen Vorteile zu betonen. „Nehmen wir das Beispiel der selbstfahrenden Autos und die Kritik, dass man sich nicht das Fahrvergnügen nehmen lassen möchte. Doch Fahrvergnügen heißt doch, bei bestem Wetter freie Fahrt auf der Überholspur. Die Realität sieht doch aber anders aus: kilometerlange Staus, zermürbende Parkplatzsuche, schlechte Witterungsverhältnisse und lärmende Kinder auf der Rückbank."

Die Digitalisierung schafft allerdings nicht nur neue Märkte und Jobs, sie vernichtet auch Arbeitsplätze. Das schürt die Angst vieler Arbeitnehmer, persönlich betroffen zu sein. „Die Arbeit insgesamt hat sich doch verändert. Als ich vor 16 Jahren im Bundestag angefangen habe, habe ich auch anders gearbeitet und kommuniziert. Ich erhielt als Reaktion auf meine Reden zeitversetzt Faxe und Briefe. Heute hingegen erhalte ich durch Twitter & Co. schon während ich spreche eine Reaktion – was mir aber auch die Möglichkeit der sofortigen Antwort gibt.“ Eine zunehmende Digitalisierung geht also mit einer deutlichen Umgestaltung unserer Arbeitswelt einher. In diesem Prozess werden Bildung und Weiterbildung eine zentrale Rolle spielen. „Auch wenn wir heute noch nicht vorhersagen können, was unsere Kinder einmal für Berufe erlernen werden. Wir können bereits heute die Weichen dafür stellen. Dafür ist wichtig, dass die Kultusministerkonferenz wesentlich enger zusammenarbeitet und bundesweite Standards formuliert. Auch habe ich den Anspruch, Kindern bereits in der Grundschule die Grundzüge des Programmierens beizubringen.“

„Den ganzen Tag führe ich Abwehrkämpfe, weil ich von Leuten umgeben bin, die mir nur sagen, was alles nicht geht“

Unternehmen will Bär dabei helfen, „Champions League“ zu spielen. „Im Bereich der Sensorik zum Beispiel sind wir Spitzenreiter. Über die Hälfte aller Autos verfügt über deutsche Sensorik. Allerdings gibt es auch Bereiche, wo wir noch in den Kinderschuhen stecken. Daher müssen wir den Change in die Köpfe der Menschen bekommen.“ Leider sind die Deutschen totale Kulturpessimisten und Schwarzmaler, und betonen immer nur, was alles nicht geht. „Den ganzen Tag führe ich Abwehrkämpfe, weil ich von Leuten umgeben bin, die mir nur sagen, was alles nicht geht. Dabei haben wir weder ein technisches noch ein Erkenntnisproblem, sondern tatsächlich ein Umsetzungsproblem.“

Um den Change in Gang zu bekommen, sollte jede Verwaltungsdienstleistung, die digitalisiert werden kann, auch tatsächlich digitalisiert werden. „Um das Thema digitaler Staat, digitale Behördengänge realisieren zu können, müssen wir Plattformen schaffen. Dazu gehören auch Automatismen, die Eltern zum Beispiel nach der Geburt ihres Kindes automatisch Kindergeld zuschicken. Mir persönlich geht es übrigens nicht anders. Ich bekomme seit 16 Jahren vom Auswärtigen Amt meine Pässe. Die haben also meine Daten. Als ich jetzt wieder einen beantragt habe, sollte ich erneut meine Daten schicken. Dass Vorgänge, die nicht aufgrund eines technischen, sondern aufgrund eines Umsetzungsproblems vorliegen, Bürger nerven, verstehe ich nur zu gut." Geplant ist daher, den Austausch mit Verwaltungen zu erleichtern und bis Ende 2022 alle Verwaltungsleistungen digital anzubieten. Dabei will die Bundesregierung teilweise vollständig auf Anträge verzichten. Damit Eltern nach der Geburt ihres Kindes beispielsweise ohne weitere Antragstellung die Geburtsurkunde übersandt und Kindergeld ausgezahlt werden kann. Ein Problem in Deutschland ist jedoch, dass diese Leistungen über die Länder geregelt werden. Daher gehen erst einmal in einigen wenigen Bundesländern die ersten Dienstleistungen online. Ein guter und wichtiger Schritt, denn die Wirtschaft bzw. Start-ups machen es nicht anders. Werden Produkte getestet, werden sie zunächst an eine kleine Gruppe von Kunden geschickt.

Für klare Vorgaben im Umgang mit personenbezogenen Daten durch Staat und Unternehmen soll die Datenschutzgrundverordnung (DSGVO) sorgen. Für die meisten Unternehmen in Deutschland ist die DSGVO einfach nur ein Ärgernis. Sie befürchten, ihre digitalen Aktivitäten einschränken und so mit einer negativen Umsatzentwicklung rechnen zu müssen. Denn die Verordnung stellt europäische Organisationen gegenüber Unternehmen anderer Nationen schlechter dar. Während Neugründungen in anderen Ländern gleich Fahrt aufnehmen können, hinken europäische Start-ups aufgrund der harten Regeln hinterher. „So ein europäischer Kompromiss ist natürlich ein Kompromiss. Die DSGVO muss jetzt aber erst einmal in Kraft treten. Grundsätzlich ist es gut, dass wir in Europa versuchen, ein gemeinsames Regelwerk umzusetzen. Denn handelt Europa gemeinsam, können sich Big Player anderer Nationen nicht mehr das europäische Land mit dem schwächsten Datenschutz aussuchen. Ferner ist die DSGVO nicht in Stein gemeißelt. Wenn nachgebessert werden muss, wird das erfolgen."

„Ich selbst bekomme in meinem Berufsleben zu spüren, dass es nicht immer positiv ist, eine Frau zu sein"

Die Diskussion um eine bessere Förderung von Frauen im Arbeitsleben beschäftigt Wirtschaft, Gesellschaft und Politik in Deutschland seit Jahren. Dennoch bleibt trotz Quoten, Zielvereinbarungen, guten Absichten und vielen Einzelmaßnahmen der große Durchbruch bislang aus. Steigt die Zahl der Frauen in Vorstandsgremien weiter so langsam wie bisher, wird es bis zum Jahr 2040 dauern, bis ein Drittel der Vorstandsposten mit Frauen besetzt ist. „Das ist ein vielschichtiges Thema. Ich selbst bekomme in meinem Berufsleben zu spüren, dass es nicht immer positiv ist, eine Frau zu sein. So werden mir in Interviews häufig Fragen gestellt, die ein männlicher Kollege sicher nie zu hören bekommt. Am Tag der Verkündung, dass ich Staatsministerin für Digitalisierung werde, stellte mir ein Journalist zum Beispiel die Frage, wie es als Frau ist, so ein wichtiges Thema zu verantworten. Und bin ich mit einem männlichen Referenten unterwegs, habe ich das Gefühl, ernster genommen zu werden, als wenn ich mit einer Referentin erscheine. Ich war früher nie eine große Freundin der Quote, weil ich immer der festen Meinung war, dass es ganz viel auch mit Leistung zu tun hat. Nun zeigt sich aber, dass Veränderungen nur da stattfinden, wo eine Verpflichtung herrscht. Immer dann, wenn keine da ist, tut sich nichts. Und deswegen ist die Quote, auch wenn sie eine Krücke ist, in manchen Bereichen notwendig."

„In Gehaltsverhandlungen sind Frauen noch immer wesentlich bescheidener"

Auch unterschätzen sich nach wie vor viele Frauen im Beruf – und scheitern an ihren eigenen, viel zu hohen Ansprüchen. „Ist eine Stelle ausgeschrieben, für die Bewerber zehn Qualifikationen mitbringen sollen, bewerben sich Männer auch, wenn sie nur über zwei von zehn verfügen. Frauen, die acht von zehn Qualifikationen mitbringen, trauen sich nicht. Und auch in Gehaltsverhandlungen sind Frauen noch immer wesentlich bescheidener." Bärs beliebteste Beispiele der letzten Jahre sind zwei Begegnungen, die nicht unterschiedlicher sein könnten. „Ich interviewte einen männlichen Nobelpreisträger und fragte ihn, wie es war, als der Anruf mit der Nachricht kam. Seine Antwort: Es wurde Zeit! Als ich in einer Podiumsdiskussion eine Nobelpreisträgerin als solche ansprach, erwiderte sie, dass sie gern mit ihrem Namen angesprochen werden möchte – und nicht mit dem Titel

Nobelpreisträgerin. Meiner Meinung nach fehlt zu vielen Frauen das Selbstbewusstsein." Diese alten Muster zu durchbrechen ist eine Herausforderung: Betonen Frauen ihre Leistung und ihren Willen, wird ihnen Arroganz vorgeworfen. Tun dies Männer, denken viele, der hat's drauf, der kann's.

„Wir lernen aus Fehlern und falschen Entscheidungen"

„Wir sind nicht in einer Kultur groß geworden, wo Scheitern alltäglich ist, geschweige akzeptabel. Dabei sollte Versagen nicht als Makel abgestraft werden. Denn das ganze Leben besteht aus einer langen Kette aus Versuch und Irrtum. Und wir lernen aus Fehlern und falschen Entscheidungen." Penicillin und Post-it beispielsweise zeigen, dass viele große Entdeckungen erst aus dem Scheitern heraus entstanden sind. Auch bei Bär lief nicht alles reibungslos: „Ich bin 2002 in den Bundestag gekommen, 2005 aber rausgeflogen, da ich noch keinen Wahlkreis hatte und auf die Liste angewiesen war." Eine heilsame Erfahrung für Bär, die dadurch sehr schnell lernte, wer noch für sie war und wer nicht. „Der Wahlsonntag war schlimm, der Montag sogar noch schlimmer, der Dienstag war total beschissen, denn ich musste mich im Bundestag in die Liste der Ausgeschiedenen eintragen. Ab Mittwoch aber wurde es besser, denn mir wurde klar, dass mir jetzt Möglichkeiten wie ein Auslandsjahr offenstanden. Es war hilfreich zu merken, ich komme auch ohne gut klar."

Mehr über Dorothee Bär sowie Links zu den verschiedenen ChangeRider-Formaten gibt es hier:
http://people.changerider.com/dbaer

PROF. DR. DIETER KEMPF
„EIN HINDERNIS IST UNSERE ALTERNDE UND SATURIERTE GESELLSCHAFT."

Prof. Dr. Dieter Kempf beginnt nach seinem BWL-Studium in München seine berufliche Laufbahn bei Ernst & Young. Den Großteil seines Berufslebens verbringt der Betriebswirt allerdings bei dem Nürnberger Softwarehaus und IT-Dienstleister Datev, wo er von 1996 bis 2016 Vorstandschef und zuvor fünf Jahre Vorstandsmitglied ist. Bevor Kempf im Januar 2017 die Nachfolge von Ulrich Grillo als Präsident des Bundesverband der Deutschen Industrie (BDI) antritt, engagierte sich der gebürtige Münchner von 2011 bis 2015 als Präsident des IT-Branchenverbands Bitkom.

Von Logistik über Produktion bis hin zur Dienstleistung: Die digitale Transformation hat mittlerweile sämtliche Stufen der industriellen Wertschöpfung erfasst und wird als durchgängige Vernetzung aller Wirtschaftsbereiche verstanden. Allerdings sprengen neue Daten, Vernetzungen, Automatisierungen und digitale Kundenschnittstellen bestehende Wertschöpfungsketten. Die Folge: Organisationen müssen ihre Produkte und Fähigkeiten hinterfragen und ihre digitale Reife erhöhen, um neue Möglichkeiten erkennen, entwickeln und schnell umsetzen zu können, so die Studie „Die digitale Transformation der Industrie“ von Roland Berger Strategy Consultants im Auftrag des BDI. „Wichtig ist, nicht nur zu erläutern, was die digitale Transformation ist, sondern auch, was sie JETZT so besonders macht. Denn digital sind wir seit der Erfindung der EDV. Jetzt aber haben wir zum Beispiel durch IPv6 die Möglichkeit, enorm große Daten zu übertragen, sodass verschiedene Netzwerke bzw. Maschinen problemlos miteinander kommunizieren können.“ Die dafür benötigte Infrastruktur scheint in Deutschland vordergründig in Ordnung zu sein: Die Deutschen surfen immer schneller im Netz, gut zwei Drittel der Haushalte verfügen mittlerweile über einen Internetanschluss mit mindestens 50 MBit pro Sekunde. Eine Studie des Instituts der deutschen Wirtschaft (IW) zeigt jedoch, dass der Ausbau der Breitbandinfrastruktur nicht schnell genug vorankommt – insbesondere in dünn besiedelten Regionen. Demnach kann Deutschland als digitales Entwicklungsland bezeichnet werden. „Wir diskutieren bei der Bandbreitenthematik falsch. Mahnen wir die im privaten Bereich fehlende Bandbreite an, ist in Wahrheit meist die fehlende Verfügbarkeit gemeint. Was für viele mittelständische Unternehmen, die ihren Sitz nicht im städtischen Ballungsraum haben, essenziell ist. Der Breitbandausbau muss in Deutschland daher dringend beschleunigt werden. Zudem benötigen Unternehmen für industrielle Anwendungen innerhalb ihres Industriebereichs dringend 5G Mobilfunk in hohen Übertragungsfrequenzbereichen. Dabei gibt es bei 5G zwei Konzepte: Einerseits das Flächenkonzept im niedrigen Frequenzbereich, andererseits ein kleinflächiges Konzept im hohen Frequenzbereich. Letzteres, mit kurzen Reaktionszeiten und geringen Störsignalen, benötigen vor allem Organisationen mit Machine-to-Machine-Kommunikation."

„Das Problem, was wir in Deutschland spezifischer haben als in anderen Ländern, ist das Problem mit Datenplattformen

Die digitale Transformation gelingt in Organisationen, wenn die vier Aspekte Plattformen, Prozesse, Produkte und Kundenansprache berücksichtigt werden. Dabei gibt es in jedem Unternehmen eine unterschiedliche Kombination dieser vier Bestandteile. „Das Problem, was wir in Deutschland spezifischer haben als in anderen Ländern, ist das Problem mit Datenplattformen. Wir haben uns in den letzten Jahren intensivst um den Datenschutz gekümmert – der wichtig ist und seine Berechtigung hat. Aber die sehr intensive und in den Vordergrund gestellte Diskussion eines sehr hohen Datenschutzlevels hat uns viele Möglichkeiten geraubt. Besser wäre gewesen, wenn statt über eine Datensparsamkeit über die Datensouveränität diskutiert worden wäre. Letzteres ist vor allem wichtig, wenn neue Welten erschlossen werden wollen. Um das Datenschutzrecht weiterzuentwickeln und gleichzeitig das informationelle Selbstbestimmungsrecht der Bürger zu sichern, ohne Innovationen zu verhindern, reicht das Prinzip der Datensparsamkeit nämlich nicht aus. Ein zukunftsgerichtetes Datenschutzrecht muss deshalb das Prinzip der Datensparsamkeit durch ein Prinzip der Datensouveränität ersetzen."

Wenn in Deutschland von Datenschutz gesprochen wird, ist meist der personenbezogene gemeint, der B2B und B2C generell gleich sein muss. Das heißt überall, wo es um personenbezogene Daten geht, muss das gleiche Schutzprinzip herrschen. „Alle füllen eine Vielzahl von Datenschutzerklärungen aus, ohne wirklich gelesen zu haben, was sie enthalten. Daher sollte sich jeder fragen: Was will ich eigentlich als derjenige, dessen personenbezogene Daten zu schützen sind?“ Es geht darum, was Unternehmen mit den Daten machen: Geben sie diese weiter? Wenn ja, an wen innerhalb und außerhalb des Konzernverbunds? In welcher Form und Kombination werden die Daten weiterverarbeitet? Werden sie pseudonymisiert oder anonymisiert? „Wir brauchen keine 17-seitigen juristisch verfassten Erklärungen. Ein Zwölf-Fragen-Antworten-Katalog würde unseren Bedarf an Datenschutzauskunft hinreichend decken. Aufgrund der sehr überzogenen Diskussion des personenbezogenen Datenschutzes haben wir die Datensicherheit vernachlässigt. Und auch wenn die teuer und unbequem ist, sollten wir uns dringend damit beschäftigen – ansonsten kann es gerade im B2B-Bereich keine vernünftige Plattformökonomie geben. Denn kein Unternehmen wird seine Daten in irgendeiner Form einer Plattform zur Verfügung stellen, wenn es nicht sicher sein kann, was damit und durch wen in welcher Form passiert – eine Investition ist hier also unabdingbar.“

Dafür hat Deutschland hervorragende Forschungs- und Umsetzungskapazitäten sowie Know-how. Würden wir das bündeln, wären wir an dieser Stelle nahezu unschlagbar. Eine Unterstützung durch die Politik ist also überflüssig. „Was beim Thema künstliche Intelligenz (KI) anders aussieht. Hier brauchen wir die Unterstützung der Politik in Form von Forschungsmitteln. Die, die im Koalitionsvertrag angekündigt sind, werden dafür allerdings nicht reichen. Und weil mit KI ein großer Teil der Weichen für die Zukunft gestellt wird, darf die Bevölkerungsakzeptanz nicht fehlen. Das heißt, es muss aufgeklärt werden, was KI ist und wofür sie eingesetzt wird.“

„Es war nicht hilfreich, dass die Diskussion in Deutschland sehr früh von Frey und Osborne geprägt wurde“

Wer die digitale Transformation nur halbherzig und neue Projekte nur zögerlich initiiert, steckt fest im Innovationsstau. Ein konsequentes Management sorgt dafür, dass dic digitale Transformation positiv angenommen wird und man keine Angst davor zu haben braucht. „Es war nicht hilfreich, dass die Diskussion in Deutschland sehr früh von der wissenschaftlichen Arbeit des Ökonomen Carl Benedikt Frey und des Informatikers Michael Osborne geprägt wurde. Beide kamen in ihrer Studie zu dem Schluss, dass zukünftig gigantisch hohe Prozentzahlen von Berufen obsolet werden – was die Diskussion in eine völlig falsche Richtung befeuert hat. Denn es sind nicht notwendiger Weise Berufe gefährdet, sondern eher Tätigkeiten. Der Beruf des Automechanikers beispielsweise hat sich in den letzten Jahren enorm gewandelt. Einzelne Tätigkeiten, die für den Beruf unabdingbar waren, sind mittlerweile nicht mehr gefragt. So konnte jeder gute Automechaniker in den 1970er-Jahren wie mit einem Stethoskop Motorengeräusche mit einem Schraubendreher interpretieren. Dank der Diagnosesteckdose braucht er das heute nicht mehr. Im Umkehrschluss bedeutet dass für Oldtimerbesitzer, dass sie im Zweifel Opfer seiner Anpassungsfähigkeit, die die digitale Transformation ihm abverlangt hat, werden. Kritiker werden jetzt sagen, dass mein

Beispiel dort nicht stimmt, wo es um Berufe geht, die im Wesentlichen aus einer Tätigkeit bestehen – was stimmt. Ein Beispiel aus der Frey- und Osborne-Studie ist der sogenannte Tax Declarer, die Person, die in den USA privaten Steuerpflichtigen beim korrekten Ausfüllen ihrer Steuererklärung hilft. Es stimmt, den wird man über kurz oder lang nicht mehr brauchen. Wo aber steht geschrieben, dass private Steuerpflichtige nur ihren steuerlichen Obliegenheiten nachkommen, wenn sie sich eines Fachmanns bedienen. Viel sinnvoller wäre, moderne Technologien so zu nutzen, dass private Steuerpflichtige nicht auf Hilfe angewiesen wären. Oder sich ein Beispiel an den Dänen zu nehmen. Die nämlich müssen keine Steuerformulare mehr ausfüllen, weil das Gros ihrer Daten bereits elektronisch vorliegt.“

“Digitale Datensouveränität bedeutet auch, dass man verstehen muss, was passiert, wenn man gewisse Dinge macht“

Noch unbekannte Tätigkeiten und neue gesellschaftliche Herausforderungen werden zukünftig die Bildungsinhalte bestimmen. Um den Lern- und Arbeitswelten der Zukunft gewachsen zu sein, muss sich das Lernen verändern. „Die Bildung nimmt bei der Digitalisierung einen sehr wichtigen Stellenwert ein. Hier haben wir allerdings auch den größten Nachholbedarf. Digitale Datensouveränität bedeutet nämlich auch, dass man verstehen muss, was passiert, wenn man gewisse Dinge macht. Das heißt nicht, dass jeder programmieren können muss. Eine Kernforderung ist vielmehr die Einführung des Informatikunterrichts ab der Sekundarstufe, um sich den Themen IT und Digitalisierung zu nähern und so eine Kernkompetenz bezüglich Kultur und Digitalisierung zu erlangen. Und obwohl es mir nicht um das Programmieren geht, gehe ich jede Wette ein, dass die Kids programmieren werden – und so auf alles vorbereitet sind, was kommt."

Allerdings sind nicht die Technologien für eine erfolgreiche Digitalisierung wichtig, sondern die Mitarbeiter. Die wiederum müssen verstehen, dass dafür ihre Weiterbildung und -entwicklung essenziell wichtig ist. „Meine Vorstellung von Digitalbildung, die zu einer digitalen Souveränität führt, lehrt auch, wie man mit der Digitalisierung umgeht. Und wie man sich vor den potenziellen Gefahren, die eine Verschiebung von Arbeit mit sich bringt, schützt. Darauf sind wir nicht unbedingt vorbereitet." Ganz im Gegenteil: Gelernt ist der Acht-Stunden-Arbeitstag, der an einem bestimmten Ort und in einer zeitlich umgrenzten „Schicht", die einen Anfang und ein Ende hat, stattfindet. Für die moderne Form der Arbeit stimmt das jedoch nicht mehr, womit sich einige schwertun. „Der Arbeitsplatz zu Hause, der für viele wunderbar ist, weil sie sich nicht mehr durch den morgendlichen Verkehr quälen müssen, hat möglicherweise den Nachteil, dass Freizeit und Dienstzeit vermischen, sie schwer zu trennen sind. Mit den Möglichkeiten sinnvoll umgehen zu können, ohne den Gefahren zu erliegen, gehört daher ebenfalls zur digitalen Souveränität. Das heißt, wir müssen die Entgrenzung der Arbeit von ihrer negativen Begrifflichkeit befreien und die Möglichkeiten erkennen." Aufgaben zeitlich zu entzerren, muss man lernen. Daher ist der Digital Detox im Urlaub oder nach Feierabend sinnvoll, aber nicht die Lösung. Und auch das Abschalten der Mailserver ab einer gewissen Uhrzeit ist kontraproduktiv. „Ob Mitarbeiter oder Führungskraft, jeder sollte in der Lage sein, seine Grenzen selbst zu definieren. Wir müssen aber auch berücksichtigen, dass nicht jeder mit den neuen technischen Möglichkeiten gleich gut umgehen kann."

„Beim Scheitern müssen wir wirklich dazulernen"

Die Haltung ist das eigentliche Problem, das Deutschland – und nicht nur in der Politik, sondern auch in Wirtschaft und Gesellschaft – bei der Digitalisierung im Weg steht. Es fehlt an Macher-Mentalität, an echtem Unternehmergeist und Leuten, die die Ärmel hochkrempeln und einfach anfangen, statt zuerst langwierige Strategien zu entwickeln und Risiken abzuwägen. Deshalb beklagen deutsche Unternehmen die fehlende Glasfaser vor ihrer Tür, ehe sie überhaupt in die digitale Transformation gestartet sind. Und werden Gründer belächelt, wenn sie mit ihren Start-ups scheitern – und beneidet, wenn sie wider Erwarten doch erfolgreich sind. Deutschland braucht daher dringend eine Aufbruchstimmung, Mut und eine Kultur des Scheiterns – sowohl in der Wirtschaft als auch in der Politik. Denn wer die für die Digitalisierung nötige Geschwindigkeit an den Tag legen will, darf sich nicht mit perfekten, elaborierten Lösungen aufhalten. „Es wird immer schnell behauptet, dass wir in Deutschland keine Risikokultur haben. Dieser Meinung bin ich nicht. Was uns fehlt, ist allerdings eine Kultur der Akzeptanz des Scheiterns. Wenn wir einen Blick in die Vergangenheit werfen, sehen wir vieles, was die deutsche Handschrift bei Erfindungen in der Pharmazie, Elektrotechnik, Chemie usw. trägt. Beim Scheitern aber müssen wir wirklich dazulernen. Wir müssen junge Menschen animieren und dabei unterstützen, sich mit ihren

Ideen selbstständig zu machen und unternehmerische Risiken einzugehen."

„Schön wäre, wenn die Impulse aus Hochschule, Politik, Wirtschaft und Gesellschaft gleichermaßen kommen"

Dafür müssen die Rahmenbedingungen stimmen und muss es Impulsgeber geben. So können Hochschulen beispielsweise im Bereich der Informatik auch Gründungs-Know-how vermitteln. „Schön wäre, wenn die Impulse aus Hochschule, Politik, Wirtschaft und Gesellschaft gleichermaßen kommen. Ein Hindernis ist hier allerdings unsere alternde und saturierte Gesellschaft. Die Chance, dass solche geradezu revolutionären Impulse aus dieser Gesellschaft kommen, ist daher eher gering. Solche wichtigen Impulse kommen aus einer hungrigen Gesellschaft und von den Universitäten. Daher wären Entrepreneur-Kurse, wie sie erfolgreich an amerikanischen Universitäten angeboten werden, auch an deutschen Hochschulen sinnvoll. Dafür haben wir das Potenzial, allerdings auch ein Geschlechterproblem: Für junge Männer scheint es attraktiver zu sein als für junge Frauen, das Gründungsrisiko einzugehen. Was sich auch im Berufsleben zeigt. Meine Erfahrung ist, dass viele junge Frauen über die nötige Führungsqualität verfügen, sich aber nicht für Führungspositionen interessieren."

Prof. Dr. Andreas Pinkwart, Minister für Wirtschaft, Innovation, Digitalisierung und Energie des Landes Nordrhein-Westfalen, hat ein Förderprogramm initiiert, wo Gründer ein Jahr lang 1.000 Euro monatlich erhalten, um Ideen ausprobieren und testen zu können. Wie notwendig solche Programme sind, zeigt der Umgang der Banken mit

Existenzgründern. Wer ein Start-up gründet und zum Beispiel einen Dispokredit von seiner Bank möchte, läuft in der Regel trotz beachtlichem Lebenslauf und realistischem Businessplan gegen die Wand. „Gründungsförderung hat viele verschiedene Komponenten. Daher ist der Ruf nach Politik oder finanzieller Förderung in der frühen Phase einer Gründung meiner Meinung nach wenig konstruktiv. Start-up-Inkubatoren wie zum Beispiel ‚UnternehmerTUM', der Start-up-Schmiede der TU München, sind eine viel wertvollere Unterstützung für Gründer. Auch ist es für mich fast ein Widerspruch, wenn ein junger Mensch bei seiner Gründung gleichzeitig an eine staatliche Unterstützung denkt. Das heißt nicht, dass es nicht Förderwettbewerbe braucht, um an Seed Money zu gelangen und ein gewisses Seriositätsfundament zu erreichen. Ein Hindernis ist vielmehr unsere deutsche Mentalität. Ein Amerikaner, der ein Unternehmen gründet, will so reich werden wie Steve Jobs, ein Deutscher steigt bei 10 Millionen Euro aus." Die Unternehmensbewertung sowie die Bereitschaft, große Beträge zu investieren, sind allerdings trotz des immensen Ausfallrisikos in den USA deutlich höher. „Natürlich verläuft unsere konservative und in vielen Fällen bewahrende und absichernde Mentalität zu anderen Gründungsverläufen. Bis auf FlixBus haben wir in Deutschland keine Start-ups, die unicorn sind. Und Unternehmenskonglomerate wie das der Samwer-Brüder, die auf eine Milliarde kommen, werden hierzulande von der Öffentlichkeit nicht besonders positiv bewertet. Man muss nicht alles gut finden, was sie machen, allerdings würde ich mir hier einen differenzierteren Umgang wünschen. Denn sie hatten den Mut, Dinge anzupacken und sie in die richtige Richtung zu entwickeln."

Deutschland als Land der Ingenieure und des Perfektionismus, launcht und vermarktet nur Dinge, wenn sie auch geprüft und sicher sind sowie allen Normen entsprechen – was auch wichtig ist. Start-ups hingegen müssen agil und schnell sein. Zwei Welten, die nicht unbedingt kompatibel sind. „Viele Unternehmen haben mittlerweile erkannt, wie wichtig Agilität ist. Bei der Umsetzung allerdings stellen die Hierarchien mit ihren diversen Abstimmungsschleifen eine große Hürde dar – Spontaneität Fehlanzeige. Hoffnung machen mir die Kooperationen zwischen Start-ups und Corporates, die in Coworking-Spaces miteinander arbeiten. Ich bin zum Beispiel beim Nürnberger Tech Incubator ZOLLHOF engagiert, wo uns große Corporates mit ihren Anfragen überrennen. Dabei wollen sie nicht nur unsere Räume nutzen, sondern vor allem auch unsere Manpower, die aus klassischen IT-Freelancern und jungen Studierenden besteht."

„Wir Vorstände haben das selbst in unseren Organisationen kaputtgemacht"

Auch wenn Unternehmen selbst über Entwicklungsabteilungen verfügen, ist ihre Nachfrage an Know-how aktuell groß. Denn sie sind nicht zwangsläufig auch in allen Bereichen agil genug. „Wir Vorstände haben das selbst in unseren Organisationen kaputtgemacht. Daher sollten wir uns kritisch fragen, wie viel Entwicklung haben wir ohne Vorstandsvorlage zugelassen? Und wie viele Schleifen mussten gedreht werden, bis wir etwas entschieden haben? Und trotzdem sollten wir die herkömmlichen Entwicklungswege in Deutschland nicht verteufeln. Die haben uns schließlich zu dem Industrieland mit Bedeutung gemacht." Unsere Kern-DNA, die aus Perfektionismus und Ingenieursdenken besteht, wird auch weiterhin essenziell wichtig sein. Gleichzeitig müssen Unternehmen aber auch verstehen, dass es das Andersdenkende braucht – in einem geschützten Raum im Unternehmen oder in einem Start-up –, wo das Mindset des Testens und Unperfekten herrschen kann. Ist es validiert, braucht es wieder den perfekten Kern, um es auf die Bahn zu bringen. Diese Mixtur müssen Organisationen lernen. „Unternehmen müssen offen sein für Neues, müssen aber nicht gleich alles Neue adaptieren. Sie sollten sich Gedanken machen, wofür sie es wie nutzen könnten. Und sich nicht gleich durch erste Negativbotschaften verunsichern lassen."

„Wir müssen uns in Deutschland mehr auf unsere Stärken besinnen"

Im internationalen Vergleich steht der Wirtschaftsstandort Deutschland (noch) gut da. Damit deutsche Organisationen im globalen Wettbewerb jedoch nicht das Nachsehen haben, müssen die Zeichen auf Zukunft stehen. „Wir müssen uns in Deutschland mehr auf unsere Stärken besinnen und dabei bedenken, dass die Industrie ein ganz wesentlicher Teil unserer Gesellschaft ist. Das sage ich jetzt nicht, weil ich Interessensvertreter bin, sondern weil ich der tiefen Überzeugung bin, dass wir die Herausforderungen für morgen nur mit einer starken Wirtschaft und Industrie, die sich als Teil der Gesellschaft versteht, lösen können. Wozu es Vertrauen braucht, was Politik und Wirtschaft in der Vergangenheit aufs Spiel gesetzt haben. Das müssen wir wiedergewinnen, was eine große Herausforderung ist."

Der Fridays-for-Future-Bewegung fehlt es an Vertrauen. Sie ist eine starke Kritik an die Industrie. „Ich finde es sehr positiv, dass sich die Jugend politisch artikuliert. Wenn sie zu diesen Themen aber auf die Straße geht, dann haben wir die Themen nicht so adressiert, dass sie sie in ihrer Komplexität verstehen. Und wir haben ihnen nicht das Gefühl gegeben, dass wir diese Themen ernst nehmen und uns damit hinreichend beschäftigen. Das heißt, wir müssen einerseits unsere Kommunikation, andererseits unser Handeln verbessern. Nur reden reicht hier nicht aus. Wir müssen aber auch aufpassen, dass es am Ende nicht instrumentalisiert wird, denn auch das wird uns Lösungen nicht näherbringen. Vielmehr brauchen wir Lösungen, die der Jugend zeigen, dass wir uns auch um ihre Zukunft Gedanken machen. Das wir nicht den Rest an Energie, der in der Erde steckt, verpulvern. Dabei wünsche ich mir aber auch, dass die Jugend die Gesamtheit der Komplexität verstehen und erkennen lernt – was hier keine Ausrede der Industrie sein soll. Ich möchte nur dafür sensibilisieren, dass das ein komplexes Thema ist. Ein Beispiel: Der wesentliche Wertschöpfungsteil eines batteriebetriebenen Elektroautos ist die Batterie, die aus Lithium-Ionen-Akkus besteht. Wer einmal gesehen hat, wie und wo Lithium abgebaut wird, weiß, dass das alles andere als positiv für die Umwelt ist. Das heißt, das fahrende Elektroauto ist dort, wo es fährt positiver als der Verbrennungsmotor – von Anfang bis Ende allerdings nicht. Denn die Gewinnung von Lithium ist wahnsinnig aufwendig und hat einen enorm hohen Wasserverbrauch. Dennoch ist die deutsche Automobilindustrie aus technischer Sicht gut aufgestellt. Nun muss man heutzutage aber definieren, was ‚technisch gut aufgestellt' heißt. Denn in der Regel folgt prompt die Frage: Wie weit sind wir denn bei der batteriebetriebenen Elektromobilität? Meine Antwort ist dann stets, dass das Thema nicht nur auf die batteriebetriebene Elektromobilität reduziert werden darf. Auch bin ich sehr skeptisch, ob für den Verkehr insgesamt die batteriebetriebene Elektromobilität die einzig wahre Lösung ist. Den batteriebetriebenen 40-Tonner, der wahrscheinlich nur mit acht Tonnen Batterie über die Autobahn düsen kann, sollten wir uns bei diesem schlechten Nutzlastverhältnis ersparen."

"Für mich ist der ideale innerstädtische öffentliche Personennahverkehr wasserstoff-basiert"

Die Lösung ist also, für unterschiedliche Einsatzzwecke und Szenarien verschiedene Lösungen zu haben: In Ballungszentren wie Berlin, Düsseldorf, Frankfurt, Hamburg oder München ist der individuelle Besitz von Fahrzeugen nicht zwingend erforderlich, hier wird die individuelle Mobilität bereits anders gelöst. In ländlichen Regionen ist das sicherlich eine größere Herausforderung. „Für mich ist der ideale innerstädtische öffentliche Personennahverkehr wasserstoffbasiert. Busse beispielsweise fahren immer zur gleichen Tankstelle und sind täglich nicht mehr als 500 Kilometer unterwegs. Wir hätten sofort unseren CO_2- und Stickoxid-Verbrauch minimiert. Das Diesel-Fahrverbot zum Beispiel reduziert zwar den Stickoxid-Verbrauch, erhöht aber gleichzeitig den CO_2-Verbrauch, weil alle vom Diesel auf den Benziner wechseln. Wir brauchen also einen Mix – und genau hier ist die deutsche Automobilindustrie gut aufgestellt: Sie baut Fahrzeuge, die in ihren übrigen technologischen

Bereichen viele gute Voraussetzungen dafür haben, um unterschiedliche Antriebsarten verbauen zu können – bei gleichzeitiger hoher Komfortfunktionalität. Denn die beste Technologie betrifft ja nicht nur den Antrieb, sondern auch das Fahrwerk etc. Ferner sind wir beim autonomen Fahren bis Stufe vier gut gerüstet. Für die letzte Stufe fünf brauchen wir Echtzeitmobilkommunikation für 5G, Antworten auf ethische Fragen sowie Car2X, mit dem Autos untereinander oder mit der Verkehrsinfrastruktur kommunizieren."

Die Digitalisierung beschränkt sich längst nicht mehr nur auf technische Aspekte. Durch den Wandel müssen sich Politik, Wirtschaft, Gesellschaft und Bildung ständig den neuen Anforderungen anpassen. Das heißt, über den Tellerrand hinausschauen, um Probleme zu lösen und neue Trends zu erkennen. „Den Wandel muss man offensiv angehen. Nicht gleich verzagen, wenn es schwierig wird; und vor allem nicht immer den negativen Teil sehen und betonen, wenn etwas nicht funktioniert. Und weil wir alle Bestandteil der Gesellschaft sind, liegt es auch an uns – und nicht nur an der Politik und Wirtschaft –, die Anforderungen der Zukunft perfekt zu meistern."

Mehr über Dieter Kempf sowie Links zu den verschiedenen ChangeRider-Formaten gibt es hier:
http://people.changerider.com/dkempf

VALERIE MOCKER
„DEUTSCHE SIND ABSOLUTE WELTMEISTER IM BILDEN VON RUNDEN TISCHEN UND KOMMISSIONEN, IN DENEN OFT NUR ALTE, WEIßE MÄNNER SITZEN“

Valerie Mocker ist bei der britischen Innovationsstiftung Nesta Entwicklungschefin für Europa. Die gemeinnützige Stiftung, vor 20 Jahren von der britischen Regierung gegründet, hat zum Ziel, Innovationen zu entwickeln, die einen positiven Einfluss auf die Gesellschaft haben. Dafür stehen Nesta eine halbe Milliarde Euro aus der Staatskasse zur Verfügung, 200 Mitarbeiter sowie ein Werkzeugkoffer voller Methoden.

Nesta testet, was Technologien können, was die besten Lösungsansätze sind und rollt diese anschließend im Land groß aus. Die Stiftung ist in 30 Ländern tätig, denn die besten Ideen entstehen, wenn man Innovationen aus verschiedenen Ländern zusammenbringt. „Es wäre fatal, Innovationen nur auf Länderebene zu denken – aufgrund der heutigen Herausforderungen brauchen wir europäische Lösungen.“ Dabei ist die Philosophie von Nesta: Wenn du nicht mehr weiterweißt, dann teste es. Dabei darf Technologie nie

Selbstzweck sein, sondern immer Mittel zum Zweck. Deshalb ist auch die Aufgabe der Stiftung, den Alltag und das Leben der Menschen zu verbessern. „Mit unseren ‚Sandboxes' beispielsweise können neue Technologien und Lösungsansätze ausprobiert werden. Um nicht mit der Technologie, sondern mit der Alltagsherausforderung zu starten, definieren wir mit den Städten, in denen die Sandboxes entstehen, welche Probleme wir lösen wollen. Das heißt, wir trommeln Stadtverwaltung, Unternehmen, Start-ups und Bürger zusammen und fragen, was sie verändern möchten. Die Bandbreite reicht dabei von der Verbesserung der Luftqualität bis zu sinnvolleren Transportwegen zwischen zwei Krankenhäusern." Ist das Problem benannt, eröffnet Nesta die Sandbox, in der verschiedene technische Lösungen mit dem Ziel getestet werden, die beste herauszufinden. Aktuell konzentriert sich die Stiftung zum Beispiel auf Drohnen und ihre Anwendung. „Über einen Wettbewerb, den wir ein Jahr lang organisieren, können Unternehmen, Initiativen und Start-ups ihre Ideen in der Sandbox testen. Das Rennen macht, wer die am Anfang definierte Herausforderung am besten lösen kann." Entscheidend ist dabei, dass Nesta nicht so tut, als wenn die Technologie ein Selbstzweck wäre und die Entwicklungen in IT-Departements, Unternehmen oder Universitäten fördert. „Wir fangen im Alltag an und suchen dort die besten Lösungen. Daher sitzen wir nicht am runden Tisch und reden drüber, was alles möglich wäre, sondern kreieren die Sandboxes, in denen experimentiert und getestet werden kann. Dort lockern wir auch regulatorische Rahmen, damit neue Technologien, die sonst gar nicht ausprobiert werden dürften, auch getestet werden können. Innerhalb eines

Jahres finden wir heraus, was funktioniert – und vor allem auch, was nicht funktioniert. Mit dem Ziel, die Innovation groß im Land auszurollen."

„Als eigenständige Stiftung sind wir agil, können schnell reagieren und den Geldhahn aufdrehen"

Dabei hat die Stiftung drei Funktionen: Als Investor investiert Nesta in die besten Lösungen und macht sie groß. Als Inkubator bietet die Stiftung Methoden und Testumgebungen, um die Ideen bis zur Marktreife entwickeln zu können. Und als kompetenter Ansprechpartner bietet sie einen Ort, wo Ideengebern zugehört wird. Neben den Sandboxes hat die Stiftung auch dafür gesorgt, dass das Schulfach „Digitale Bildung" in allen Schulen Großbritanniens bereits ab der ersten Klasse gelehrt wird. „In Deutschland bekomme ich häufig zu hören, dass das bei uns aufgrund des Föderalismus schwerer umsetzbar ist als in England. Das ist falsch, denn in Großbritannien haben die verschiedenen Landesteile ebenfalls (wenn nicht sogar mehr) Macht. Es herrscht dort das gleiche politische Gerangel." Um dem zu entgegnen finanzierte Nesta ein Ökosystem, um früh testen und herausfinden zu können, was praktisch möglich ist: Welches Bildungsmaterial ist sinnvoll? Wie können Lehrer weitergebildet werden? Wie kommt die Technologie in die Schulen? „Als wir nach ein paar Jahren ausreichend Daten gesammelt hatten, konnten wir der Regierung zeigen, dass das funktioniert und ein entsprechendes Schulfach notwendig ist. 2013 wurde es in den Bildungsplan aufgenommen." Geholfen hat dabei sicherlich, dass die Stiftung ursprünglich von der Regierung gegründet wurde. „Als eigenständige Stiftung sind wir agil, können schnell reagieren und den Geldhahn aufdrehen. Wir sind in dem Ökosystem gut eingebettet.“

Ferner hat Nesta initiiert, das digitale Gesundheit praktisch möglich wird. Bei Herzinfarkten beispielsweise warten Betroffene in der Regel zehn Minuten auf einen Krankenwagen. Dabei sind gerade bei einem Herzstillstand die ersten vier Minuten entscheidend. „Ein Ambulanzmediziner aus London entwickelte eine digitale Plattform, die wir getestet und finanziert haben: Fährt der Rettungswagen los, wird gleichzeitig per GPS ein Ersthelfer mit medizinischer Ausbildung in der Nähe des Betroffenen gesucht, damit dieser innerhalb der entscheidenden ersten vier Minuten vor Ort sein und helfen kann. Wir haben vor vier Jahren angefangen, diese Technologie mit Krankenhäusern zu testen und rollen sie jetzt aus, sodass nächstes Jahr alle Krankenhäuser in Großbritannien damit ausgestattet sind.“

„Wenn ich höre, wir müssen die Leute mitnehmen und ihnen Optimismus einimpfen, dreht sich mir der Magen um“

In Deutschland gibt es genauso viele gute Ideen, Lösungsansätze, Unternehmer und Start-ups. Herausfordernd ist jedoch das deutsche Grundprinzip: Wenn du nicht mehr weiterweißt, bilde einen Arbeitskreis. „Deutsche sind absolute Weltmeister im Bilden von runden Tischen und Kommissionen. Auch bei der Digitalisierung geht Deutschland theoretisch vor und denkt sehr stark von der technologischen Seite. Wenig hilfreich ist dabei, dass an diesen Tischen oft auch nur alte, weiße Männer in Anzügen sitzen.“ Deutschland braucht statt technologischer Strategien gesellschaftliche: Wo wollen wir als Gesellschaft hin? „Wenn ich höre, wir müssen die Leute mitnehmen und ihnen Optimismus einimpfen, dreht sich mir der Magen um. Denn auch wenn es gut gemeint ist, wer will denn noch mitgenommen werden, wenn man ihm sagt, man muss ihm Optimismus einimpfen? Menschen begeistert man doch nicht mit Eckpunkte-Papieren. Martin Luther King ist doch das beste Beispiel, der hat nicht mit einem Papier überzeugt, sondern mit seiner Vision die Menschen begeistert."

"Deutschland muss bei der Digitalisierung weg von der technologischen hin zur gesellschaftlichen Strategie"

Daher fehlen in Deutschland nicht die erfolgreichen Ideen und Lösungen, die die Gesellschaft verbessern würden, sondern der Wille zur Umsetzung. „Die Herzinfarkt-App kommt in Deutschland nicht voran, weil VC-Gebern und Unternehmen die Kapitalrendite nicht hoch genug ist. Und die Förderprogramme von Ministerien sind thematisch so eng gehalten, dass viele dort nicht reinpassen. Daher verbringe ich in meiner Freizeit sehr viel Zeit damit, solchen Projekten in Deutschland zu helfen. Die Einzigen, die diese App in Deutschland finanziert haben, war Google." Und auch wenn die Digitalisierung politisch Zukunftsthema ist und es Initiativen gibt, die das Militär, die Industrie und neue Lösungen aus der Wissenschaft finanzieren. Lösungen für die Gesellschaft werden aktuell nicht unterstützt. „Die Briten sind mit Nesta, die sich ausschließlich um gesellschaftsrelevante Themen kümmert, einen wichtigen Schritt gegangen. Die deutsche Regierung sollte diesen ebenfalls gehen. Bei meinem Treffen mit der Kanzlerin habe ich auch genau das gesagt: Deutschland muss bei der Digitalisierung weg von der technologischen hin zur gesellschaftlichen Strategie – was Merkel generell auch wichtig und gut fand." Herausfordernd für die Politik ist, dass das Thema immer zur Seite geschoben wird, weil es zu viele andere Baustellen gibt. Und es auch immer wieder Kräfte gibt, die pessimistisch ausbremsen. „Wer mit der Politik zusammenarbeitet, braucht drei Dinge: Energie, pathologischen Optimismus und Borderitis. Eine Anekdote zur Veranschaulichung: Ein Ministerium hatte mich eingeladen, die Herzinfarkt-App vorzustellen. Als ich von dem Erfolg in Großbritannien erzählte, war das der Dealbreaker. Das Argument: Deutschland kann nicht etwas einsetzen, was woanders bereits erfolgreich läuft. Man könnte dann ja sagen, dass Deutschland Ideen kopiert!?"

„In Deutschland haben wir einen starken Fokus auf das Alter"

In der Breite der Industrie herrschen Männer. In der Start-up-Welt ist der Anteil von Gründerinnen unter zehn Prozent. Ziel muss daher sein, den Frauenanteil in Führungspositionen zu steigern. „Vor allem haben wir in Deutschland einen starken Fokus auf das Alter. Ich glaube, in Deutschland wäre ich beruflich nicht so schnell so weit gekommen. In England hingegen spielt das Alter keine Rolle. Ich bin mit 26 Head geworden, weil ich nach meinem Potenzial und meiner Leistung bewertet wurde." Diverse Untersuchungen zeigen, dass faire Entscheidungen getroffen werden, wenn man bei Bewerbungen auf Alter, Name, Geschlecht und Foto verzichtet. Was in der Praxis leicht umsetzbar ist, denn dafür muss man lediglich den Prozess anonymisieren. Ein Verfahren, das Mocker bei Nesta eingeführt hat. Sie wollte vermeiden, dass sie durch ihre Vorurteile nicht die besten Bewerber bekommt. Auf dem Weg zu diesem Prozess musste sie sich bei Nesta jedoch zunächst selbst behelfen, da die Stiftung nicht sofort von der Notwendigkeit überzeugt war. Kurzerhand entwickelte sie eine Anwendung, in der Bewerber zwar alle Daten eintragen sollten, diese Mocker bei der Bewerberauswahl jedoch nicht angezeigt wurden. Mittlerweile testet und finanziert Nesta verschiedene Methoden und Plattformen, um Organisationen ein Instrument an die Hand geben zu können, mit denen Vorurteile der Vergangenheit angehören – zumindest im Bewerbungsprozess. „Natürlich haben Veränderungen immer mit Aufwand zu tun. Allerdings sind oft die Dinge, die richtig sind, nicht die Dinge, die einfach sind. Der Aufwand aber ist wichtig und lohnt sich. Deshalb brauchen wir auch nicht nur neue Bewerberprozesse, sondern auch Führungskräfte, die sich für talentierte Frauen einsetzen. Die Frauen auf Führungspositionen setzen und sie ermutigen, diesen Schritt zu gehen." Aber auch Frauen selbst müssen sich engagieren. „Männer unterstützen sich gegenseitig, haben oft einen beruflichen ‚Wingman'. Das sollten Frauen auch machen. Sie sollten sich ein Netzwerk mit ‚Wingwomen' und ‚Wingmen' aufbauen, mit denen sie sich beraten können."

Mocker hätte diese Unterstützung als 19-Jährige gut gebrauchen können. In ihrem zweiten Jahr in Oxford wird sie Kapitänin der 20-köpfigen Rudermannschaft mit einem Trainer, der Frauen gegenüber extrem respektlos auftritt. „Er war aggressiv, ließ sexistische Kommentare los, schrie viel rum und machte Leute nieder. Es gipfelte in einer Auseinandersetzung mit einer Frau aus meinem Team." Mocker aber lässt es laufen, denn nach Jahren des Misserfolgs ist das Team auf der Erfolgsspur. „Die betroffene Teamkollegin aber meldete den Vorfall dem College und stellte es vor die Wahl, entweder der Trainer geht oder sie.“ Da sie vorher nicht mit Mocker als Kapitänin gesprochen hatte, ging Mocker auf sie zu, um nach dem Grund zu fragen. Und bekam die schmerzliche Antwort: „Weil du es einfach hast laufen lassen.“ „Wenn ich heute merke, dass Leute das Team nicht voranbringen und auch nicht wertschätzend sind, nehme ich sie raus. Denn Leader müssen das, worüber sie sprechen, auch wirklich leben. Man muss selbst der Wandel sein, den man sehen möchte. Daher kann ich nicht extern von einer Welt sprechen, in der die Digitalisierung das Leben von Menschen besser macht, aber intern nicht dafür sorgen, dass wir wertschätzend und respektvoll miteinander umgehen.“

"Wenn wir es schaffen, mit der Digitalisierung unsere Alltagsherausforderungen zu lösen, entsteht Optimismus und Begeisterung"

Startpunkt für alles, was wir bei der Digitalisierung machen, müssen deshalb unsere Alltagsherausforderungen sein. „Was machen wir zum Beispiel mit unseren Lieben, wenn sie alt werden und nicht mehr allein zu Hause leben können, aber zu Hause leben möchten? Wenn sie nicht ins Altersheim wollen, weil das Risiko, dort früher an Einsamkeit zu sterben, groß ist. Was machen wir, wenn Kinder in ärmeren Stadtteilen schlechtere Lernbedingungen haben als in wohlhabenderen Gegenden? Wenn ihre Entwicklung bereits im Kitaalter weit zurückliegt. Wichtige Fragen, um die wir uns kümmern müssen, es aber nicht tun.“ Andere Länder haben dafür

Stiftungen wie Nesta gegründet, damit das Leben besser wird. Dafür muss auch Deutschland eine Lösung finden. „Wenn wir es schaffen, mit der Digitalisierung unsere Alltagsherausforderungen zu lösen, entsteht Optimismus und Begeisterung für Technologie. Dann werden zukünftig nicht mehr nur zwei Prozent sagen, dass die Digitalisierung wichtig ist, sondern alle."

Mehr über Valerie Mocker sowie Links zu den verschiedenen ChangeRider-Formaten gibt es hier:
http://people.changerider.com/vmocker

PROF. DR. ROLAND BERGER
„MAN MUSS DIE MENSCHEN BEGEISTERN UND IHNEN OPTIMISMUS EINIMPFEN“

Seit der Gründung im Jahre 1967 leitete Prof. Dr. h.c. Roland Berger die gleichnamige Unternehmensberatung als CEO, ab 2003 war er Vorsitzender des Aufsichtsrats, seit 2010 Ehrenvorsitzender. Vor der Gründung seiner Strategieberatung studierte er Betriebswirtschaftslehre in Hamburg und München und war als Berater und schließlich als Partner bei einem führenden amerikanischen Beratungsunternehmen mit Sitz in Mailand und Boston tätig. Seine im Jahr 2008 gegründete Roland Berger Stiftung mit einem Kapital von 50 Millionen Euro, setzt sich für den weltweiten Schutz der Menschenwürde ein. Regelmäßig verleiht die Stiftung den Roland Berger Award und hilft begabten Kindern und Jugendlichen aus unterprivilegierten Familien in Deutschland und Italien dabei, Zugang zur bestmöglichen Schulbildung zu bekommen. So lassen sich Voraussetzungen für einen Hochschulabschluss erwerben. Seit 2015 unterstützt die Stiftung auch unbegleitete Minderjährige, die als Flüchtlinge nach Deutschland gekommen sind.

Roland Berger blickt auf ereignisreiche 60 Jahre Berufserfahrung zurück. Als Beratungsikone hat er jeden Wandel in Deutschland aktiv begleitet – jetzt auch die Digitalisierung. Dabei sieht Berger für Deutschland im B2C-Geschäft keine Chancen mehr. Allerdings sieht er aufgrund der starken Industriebasis in unserem Land, die als die größte der Welt angesehen werden kann, sehr große Chancen im B2B-Business. So befinden sich beispielsweise weltweit mehr deutsche Autos auf den Straßen als aus jedem anderen Land. Und auch bei der Maschinenproduktion hat Deutschland die Nase vorn. „Wir haben eine industrielle Basis, die unendlich viele Daten produziert. Sobald unsere Lieferanten in der Lage sind, das zu verstehen und diese für sich zu nutzen, können sie sich einen großen Vorteil erarbeiten.“ Dabei sind die größten deutschen Industrieunternehmen nicht nur sehr erfolgreich, sie stellen auch ihre Prozesse und Produkte neu auf. „Es mag noch etwas hapern bei kleinen und mittelständischen Unternehmen, die großen Organisationen aber sind auf einem guten Veränderungsweg.“

„Elon Musk ist ein kreativer Kopf, hat viel riskiert und kam so auf einen neuen Weg”

Im Bereich der Elektroautos sieht es jedoch weniger rosig aus. BMW zum Beispiel wird neben dem i3 frühestens 2022 das erste voll elektrifizierte Fahrzeug auf den Markt bringen. Der Tesla hingegen ist bereits heute erfolgreich da. „Elon Musk ist ein kreativer Kopf, hat viel riskiert und kam so auf einen neuen Weg. Dennoch ist Tesla für mich eine Einzelerscheinung. Und so verschlafen ist unsere Automobilindustrie gar nicht. Daimler beispielsweise hat gleich zu Beginn bei

Tesla investiert – auch wenn sie mittlerweile wieder (mit großem Gewinn) ausgestiegen sind. Die eigentliche Gefahr droht meiner Meinung nach aus China mit ihren zahlreichen Automobil- und Batterieherstellern. Catl zum Beispiel baut eine Batteriefabrik in Thüringen, bei der BMW als Erstkunde bereits Batteriezellen im Wert von vier Milliarden Euro geordert hat.“ Ist auch notwendig, denn der i8 von BMW hat im Elektrobetrieb gerade einmal eine Reichweite von 37 Kilometern im Gegensatz zum Tesla mit 450 Kilometern. „Dennoch liegt es nicht daran, dass wir es nicht können, sondern dass die Deutschen noch zu sehr an ihrem Auto mit Verbrennungsmotor hängen. Kommerziell ist die Elektromobilität in Deutschland daher noch nicht relevant und die Entwicklung enttäuschend. Trotzdem verfügen deutsche Automobilhersteller über enorme Erfahrungen. Sie haben bezüglich Qualität und Branding ihrer Marken sehr viel Know-how – was Newcomer nicht vorweisen können. Und auch die Chinesen kaufen massenhaft Premiumfahrzeuge wie Mercedes, BMW oder Audi, weil es prestigeträchtige Marken sind. Ungeachtet dessen tun wir gut daran, den Trend nicht zu verschlafen, sondern uns stark umzustellen. Und trotzdem glaube ich nicht daran, dass 2030 mehr als 25 bis 30 Prozent aller Fahrzeuge Elektroautos sind. Dennoch muss die Automobil- und Maschinenindustrie trotz ihrer Stärke darauf achten, dass sie die Assets, die sie haben, auch nutzen. Vor allem, solange es dafür noch einen Markt gibt.“

Die chinesische Regierung engagiert sich mit Leidenschaft und Energie bei den neuen Technologien. Ein Blick Richtung Estland mit ihrem vorbildlichen E-Government macht neidisch. Bei der Einkommenssteuererklärung beispielsweise haben die Esten innerhalb von fünf Tagen ihr Geld auf dem Konto. Eine GmbH-Anmeldung dauert dort gerade einmal 18 Minuten. München hingegen braucht, wenn es sehr gut läuft, etwa sechs Wochen. Deutschland bzw. Europa unterstützen Innovationen kaum politisch – ein großer Nachteil für Deutschland. Allerdings sollte sich nicht nur der Staat viel mehr einbringen. Wer Geschäftsmodellveränderungen nicht verschlafen möchte, braucht ein neues Mindset. Vor allem im Digitalbereich hat man nicht mehr Jahre Zeit, etwas zu entwickeln. Vielmehr geht der Trend dahin, mehrere Entwicklungen gleichzeitig zu starten, sie zu testen und gegebenenfalls davon wieder Abstand zu nehmen. „Deutschland ist zu langsam. Das liegt allerdings daran, dass unsere technischen und humanen Assets nicht auf die Digitalisierung vorbereitet waren. Große Maschinenwerkzeughersteller wie Trumpf zum Beispiel haben jedoch schon ihre eigenen Plattformen. Sie haben ihre Entwicklungszyklen stark beschleunigt und international investiert."

Im Bildungsbereich schneidet Deutschland nicht besser ab, unser herkömmliches Bildungssystem funktioniert so nicht mehr. Es ist Zeit für einen Paradigmenwechsel. Dorothee Bär beispielsweise vertritt die Meinung, dass in jedem Schulranzen eines Grundschulkindes ein Tablet gehört. Dafür müssen die Kinder aber frühzeitig an die Technik herangeführt werden. Und auch Fähigkeiten wie Kommunikation, Empathie und Teaming werden in Deutschland nicht gelehrt. Stattdessen setzt unser Schul- und Universitätssystem auf das Auswendiglernen. „Die USA haben mit ihren Case Studies einen Vorteil. Aber das unser Schulsystem nur auf das Auswendiglernen ausgerichtet ist, würde ich so nicht stehen lassen. Unsere Schulen wissen ganz genau, dass es ein Feedback zwischen Schüler und Lehrer braucht. Daher wird nicht mehr nur von vorne an die Klasse doziert, sondern kommuniziert. Das Gleiche gilt auch für die Universitäten." Dementsprechend gehören Professoren, die ihre Bücher in der 38. Auflage herausbringen, der Vergangenheit an. Denn zu solchen Professoren würden heute keine Studenten mehr gehen. Die nämlich wissen, was die Welt bietet. Jeder Student kennt Massive Open Online Course (MOOC) und hat auch schon mal welche besucht. „Wer mit diesem Wettbewerb nicht mithält, dem bleiben die Studenten weg."

„Ich habe die Stiftung gegründet, um ein deutsches Schülerstipendium ins Leben zu rufen"

Durch die zunehmende Digitalisierung aller Lebensbereiche steigt die Bedeutung digitaler Kompetenzen rasant an. Die Roland Berger Stiftung nimmt diese Herausforderung an und qualifiziert ihre Stipendiaten umfassend für die digitale Welt. „Ich habe die Stiftung gegründet, um ein deutsches Schülerstipendium ins Leben zu rufen. Wir kümmern uns unter anderem darum, begabten Kindern aus sozialschwachen Familien die entsprechende Erziehung angedeihen zu lassen. Wir begleiten sie bis zum Abitur, sodass sie später studieren können. Uns geht es darum, dass sie das größte Know-how, was sie haben, auch anwenden. Dafür hat die Stiftung seit vier Jahren einen digitalen Lehrplan: Kein Kind soll die Schule beenden, ohne programmieren oder codieren zu können. Deshalb trainieren bei uns bereits die Sechs- bis Zehnjährigen auf einem Computer von Lego."

„Nicht nur viele Jobs, sondern auch die Vermittler zwischen den verschiedenen Wertschöpfungsstufen werden wegfallen"

Ein notwendiger Schritt, denn durch die Digitalisierung fallen Jobs weg, Menschen müssen also immer flexibler werden. „Aber nicht nur viele Jobs, sondern auch die Vermittler zwischen den verschiedenen Wertschöpfungsstufen werden wegfallen. Deswegen ist es wichtig, dass wir in der öffentlichen Bildung bereits vom Kindergarten an den Nachwuchs mit der digitalen Welt vertraut machen. Dass wir sie anpassungsfähig machen und ihnen Pflichtprogramme verordnen, sodass keiner ohne Kenntnis des Digitalalphabets, Programmierens und Codierens in den Beruf einsteigt. Außerdem müssen wir Erwachsene, die ihre Arbeit verlieren, fit für die Zukunft machen. Dazu könnten wir zum Beispiel unser duales Ausbildungssystem nutzen – vorausgesetzt, wir haben vorher in die digitale Infrastruktur investiert sowie Lehrer entsprechend umgeschult. So würden wir sicherstellen, dass sich Arbeitnehmer in der neuen Welt auch zurechtfinden." Dabei stellt das klassische Schulsystem mit den 16 Kultusministern, die sich oft nur mühsam auf gemeinsame Ziele einigen, ein großes Problem dar. „Daher sollte das System neu gedacht werden. Aber ob das national oder auf föderaler Basis geschieht, ist in Deutschland ein Lehrmeinungsstreit, der seit Gründung der Bundesrepublik existiert. Ferner sollten wir bei der Diskussion nicht vergessen, dass das föderale System nicht nur Nachteile hat, sondern auch Vorteile, wie zum Beispiel den Wettbewerb zwischen den Bundesländern."

„Der Staat hat zu lange gebraucht, um zu verstehen, was Digitalisierung überhaupt bedeutet"

Unternehmen wissen, dass alle durch einen Veränderungsprozess gehen, dass Geschäftsmodelle verändert und Menschen entsprechend ausgebildet werden müssen. Und auch wenn Großunternehmen bereits angefangen haben, beschäftigen sie sich meinst nur mit internen Themen wie der Digitalisierung von Schnittstellen. Die großen Change- und Mitarbeiterprogramme wurden noch nicht gestartet – zumindest nicht beim Mittelstand. Daher sollte sich der Staat nicht verschließen, sondern wesentlich mehr Aufklärungsarbeit leisten und mit Europa eine Initiative starten, um auf das veränderte Mindset und die veränderten Arbeitsbedingungen vorzubereiten. „Leider haben der Staat bzw. die Politiker zu lange gebraucht, um zu verstehen, was Digitalisierung überhaupt bedeutet und welche massiven Veränderungen es für Wissen, Ausbildung und Arbeit haben wird. Der Schlüssel zum Erfolg liegt meiner Meinung nach einerseits bei Unternehmen, die qua Profession mit vielen Menschen kommunizieren. Andererseits beim Staat – vorausgesetzt, alle verstehen, dass hier höchste Eile geboten ist. Ich glaube, dass wir in Deutschland den großen Innovationsprozess mit den klugen Köpfen und Big Playern erst meistern, wenn wir europäische Großprojekte haben. Das ist meiner Meinung nach Aufgabe der europäischen Politik. Dazu gehört auch,

Menschen für die Zukunft zu begeistern, ihnen die Angst zu nehmen und Optimismus einzuimpfen."

„Auch in der Vergangenheit hat es massive disruptive Veränderungen gegeben"

Und auch wenn viele Veränderungen zunächst schmerzhaft sind und von allen Beteiligten eine Anpassung fordern, machen Innovationen immer reicher, bringen einen weiter, erhöhen die Produktivität sowie das Wirtschaftswachstum und verlängern die Lebenserwartung. „Wenn man sich anschaut, was die Digitalisierung allein mit der Anwendung von Big Data Management an Fortschritten in der Medizintechnik und Pharmazie erzielt hat, oder bezüglich der medizinischen Betreuung, kann man sich vorstellen, dass die Lebenserwartung weiter massiv ansteigen wird. Vorausgesetzt, staatliche Krankenhäuser können in der gleichen Art und Weise investieren und sich verändern, wie das heute bereits private Krankenhausketten tun."

Die letzten 80 Jahre sind geprägt von unzähligen wesentlichen Erfindungen und Technologien, die die Welt verändert haben. Die größte Veränderung für die Menschen war die Erfindung der Dampfmaschine, die das industrielle Zeitalter einläutete. Aber auch die Elektrizität, die Chemie, der Verbrennungsmotor wurden erst durch neue Technologien möglich, führten zu massiven Veränderungen, aber auch zu extremsten Verlusten. „Ein Beweis, dass es auch schon in der Vergangenheit massive disruptive Veränderungen gegeben hat, ist das Theaterstück ‚Die Weber' von Gerhart Hauptmann. Es stellt den Aufstand der durch die Erfindung des mechanischen Webstuhls arbeitslos gewordenen Weber dar, und zeigt, dass

Menschen schon immer mit großen Veränderungen zurechtgekommen sind." Allerdings nicht jedes Unternehmen. Mit jeder neuen Veränderung gibt es auch immer wieder neue Unternehmen, die sich an die Spitze setzen. Dafür muss man sich nur den Standard and Poor's oder die amerikanische Marktkapitalisierung der großen Unternehmen vor zehn, 20 Jahren anschauen. Da haben völlig andere Unternehmen wie Rohstoff- und Automobilunternehmen den Markt beherrscht. Heute hingegen sind es die fünf großen Digitalunternehmen. „Branchen verändern sich so extrem, dass nicht jedes Unternehmen, das früher einmal erfolgreich war, es auch heute noch bleibt. An der Musik- oder Verlagsbranche beispielsweise zeigt sich, wer die Digitalisierung verschlafen hat, und wer nicht. Die Zeit gibt Neuem eine Chance, schränkt die für Altes ein oder lässt es gar wegfallen."

„Unternehmen und Politik sollten die Chancen der Digitalisierung sehen und nicht die Probleme"

Daher braucht der digitale Wandel in Deutschland mehr Mut und Tempo. Zwar werden die digitale Bildung und der Infrastrukturausbau als wichtige Aspekte erkannt und auch diskutiert. An der zügigen Umsetzung jedoch hapert es. „Unternehmen und Politik sollten die Chancen der Digitalisierung sehen und nicht die Probleme. Sie sollten die Probleme aber zur Kenntnis nehmen und sie so schnell wie möglich angehen und lösen. Dabei hat jede Technologie Nebenwirkungen, die berücksichtigt werden müssen, vor allem auch in der Kommunikation mit Menschen. Denn wichtig ist, dass wir die Menschen für die Digitalisierung gewinnen. Sinnvoll ist, transparent zu machen, dass die Digitalisierung Vorteile wie kürzere Arbeitszeiten, höheren Wohlstand und längere Lebenserwartung mit sich bringt – so wie disruptive Veränderungen der Vergangenheit auch. Wir müssen aber nicht nur eine positive Vision haben, wir müssen sie auch praktisch vermitteln. Ein Schlüssel ist E-Government: Menschen erfahren so, wie der Fortschritt der Digitalisierung sich für sie positiv auswirkt. Der Staat muss also vormachen."

Mehr über Roland Berger sowie Links zu den verschiedenen ChangeRider-Formaten gibt es hier: http://people.changerider.com/rberger

MAGDALENA ROGL
„JEDER SOLLTE DIE VERANTWORTUNG DAFÜR ÜBERNEHMEN, SEINEN TEIL EINZUBRINGEN, DAMIT DIE ZUKUNFT FÜR UNS ALLE EIN STÜCKCHEN BESSER WIRD“

Der Weg von Magdalena Rogl ist beeindruckend: Mit 16 Jahren geht sie vom Gymnasium ab, um eine Ausbildung als Kinderpflegerin zu machen. Zu einer Zeit, als Facebook in Deutschland noch weitestgehend unbekannt ist, nutzt Rogl die Plattform, um mit ihren in der Welt verstreuten Freunden in Kontakt zu bleiben – und merkt schnell, dass das Thema Social Media ihr liegt. Zusätzlich zu ihrem Job im Kindergarten nimmt die Münchnerin eine Stelle bei Focus Online im Community-Management an, parallel dazu absolviert sie ein Onlinestudium mit den Schwerpunkten Community-Management und Social Media. 2016 dann der Wechsel zu Microsoft, wo sie seitdem für Social Media und Corporate Communication zuständig ist. Sie lebt mit vier Kindern in einer Patchworkfamilie und setzt sich für digitale Bildung, Diversity und Chancengleichheit ein.

Die Digitalisierung verändert unsere Gesellschaft, Politik und Wirtschaft sowie die Rahmenbedingungen fundamental. Die Vernetzung über Grenzen und Entfernungen hinweg macht das Leben einfacher, bequemer und vor allem schneller – vorausgesetzt es gelingt, die Herausforderungen dieser Entwicklungen zu meistern. „Die Politik kann zum Beispiel dafür sorgen, dass wir eine Breitbandversorgung haben und die Infrastruktur für Flugtaxis vorhanden ist. Dass wir das, was in ein paar Jahren Realität sein wird, auch nutzen können in unseren Städten." Dafür müssen wir schauen, wo neue rechtliche Rahmenbedingungen notwendig sind. Brad Smith, Chefjustiziar von Microsoft, setzt sich beispielsweise sehr für das Thema digitale Genfer Konventionen ein. Er plädiert für gemeinsame digitale Standards, um eine rechtliche Grundlage für den Einsatz und die Grenzen von Technologien zu haben. „Weil Technologie sehr viel kann, sollten wir uns fragen, ob wir wollen, dass sie alles tut, was sie kann. Oder ob wir Grenzen setzen sollten? Dabei ist die digitale Transformation aber keine Naturgewalt, die über uns hereinbricht. Vielmehr ist es eine Entwicklung und Veränderung, die jeder mitgestalten kann. Jeder sollte die Verantwortung dafür übernehmen, seinen Teil einzubringen, damit die Zukunft für uns alle ein Stückchen besser wird."

„Microsoft ist sehr innovativ und gibt seinen Mitarbeitern viel Raum zum Auszuprobieren"

Dass wir nicht wissen, wie unsere Arbeitswelt in einigen Jahren aussieht, macht vielen Menschen Angst. Dabei bietet die neue Arbeitswelt Unternehmen und Menschen ungeahnte Möglichkeiten. „Microsoft ist sehr innovativ und gibt seinen

Mitarbeitern viel Raum zum Auszuprobieren. Unsere Unternehmenskultur basiert daher auch auf einer starken Vertrauensbasis, was sich in unserem Arbeitsmodell mit Vertrauensarbeitszeit und Arbeitsort widerspiegelt. Das heißt, wirklich jeder Mitarbeiter kann arbeiten, wann und wo er will. Diese generelle Vertrauenskultur, die wir alle sehr schätzen, führt zu einer hohen Zufriedenheit und Produktivität." Microsoft zeigt, dass etablierte Konzepte auf den Kopf gestellt werden können, dass Raum und Zeit eine Emanzipation von bestehenden Werten erlebt, und Coworking-Spaces und Cafés eben nicht mehr nur von digitalen Nomaden und Freelancern genutzt wird.

"Um zu verstehen, welche Technologien wirklich sinnvoll sind, sollten Unternehmen sich mit ihrem Geschäftsmodell auseinandersetzen"

Das amerikanische Unternehmen gegenüber deutschen Organisationen bezüglich der Digitalisierung (noch) einen großen Vorsprung haben, ist nicht neu. Allerdings steht der deutsche Mittelstand besser da als gemeinhin angenommen – auch wenn wir aufpassen müssen, dass der Mittelstand als ein wichtiger Teil unserer Wirtschaft nicht abgehängt wird. „Ich beobachte, dass viele Unternehmen diverse Technologien einkaufen, aber gar nicht wissen, wie sie diese sinnvoll nutzen können. Daher sollten wir nicht vergessen, dass eine Transformation immer auch mit Menschen und vor allem der Unternehmenskultur einhergeht. Um zu verstehen, welche Technologien wirklich sinnvoll für die Organisation sind, sollten Unternehmen sich deshalb erst mit ihrem Geschäftsmodell, ihren Kunden und vor allem ihren Mitarbeitern auseinandersetzen.“ Deshalb betreibt Microsoft hier Aufklärung und verkauft nicht nur Technologien, sondern unterstützt Unternehmen auch bei ihrem Kulturwandel. Denn um Innovationen zu schaffen und zukunftsfähig zu sein, muss Technologie und Kultur Hand in Hand gehen.

„Fehler sind nicht schlimm, sie sind aber auch nicht gut – und sollten deshalb auch nicht gefeiert werden“

Inspirierende Erfolgsgeschichten machen Mut und geben Hoffnung, werden in der Gründerszene gern geteilt. Eigentlich aber zeigen sie ein falsches Bild, denn die Realität sieht anders aus: 80 Prozent aller Neugründungen scheitern in Deutschland nach etwa drei Jahren. Und obwohl gerade diese Scheitergeschichten als wertvolle Erfahrungen geteilt werden sollten, schweigen hierzulande die Gescheiterten. „Ich sehe in Deutschland vielmehr die Gefahr eines regelrechten Fail-Hypes. Dabei sollte es nicht um die Fehler gehen, sondern darum, was man daraus lernt. Die Botschaft sollte deshalb lauten: Fehler sind zwar nicht schlimm, sie sind aber auch nicht gut – und sollten deshalb auch nicht gefeiert werden.“ Natürlich muss eine Kernorganisation mit ihren enormen Prozessen fehlerfrei funktionieren. Auch ist das Scheitern nicht mit der DNA solcher Konzerne vereinbar. Dennoch brauchen Organisationen einen Raum, wo bewusst gescheitert werden darf. Wo zehn von neun Tests fehlschlagen (dürfen). „Ein gutes Beispiel ist in diesem Zusammenhang die Medizin. Fehler bei der Behandlung von Patienten sind ein No-Go. Dennoch ist es in der Medizin unerlässlich, Forschung zu betreiben, um neue Medikamente und Behandlungswege zu entdecken. Scheitern gehört also zum Lernkonzept. Ich persönlich bin an meinem Lebensziel, ein Bilderbuchleben zu führen, gescheitert. Mein persönlicher Wandel lehrte mich aber, dass das Bilderbuchleben nicht das echte Leben ist. Und dass das echte Leben sich sehr viel cooler anfühlt. Mein Learning: Eine Krise kann auch eine wahnsinnige Chance sein. Denn man hat es immer selbst in der Hand, wie man mit einer Krise umgeht und was man daraus macht. Für mich war es wahnsinnig beflügelnd zu merken, dass ich selbst entscheiden kann, ob ich glücklich oder unglücklich bin, und was ich aus meinem Leben mache."

"Vereinbarkeit von Beruf und Familie ist nicht nur Frauensache"

Eine Studie der Initiative „families@work" zeigt: Viele Paare mit Kindern beschäftigen sich intensiv mit den Faktoren, Chancen und Grenzen der Elternzeit. Doch für eine nachhaltige Verbesserung der Situation müssen Unternehmen, Politik und Gesellschaft veränderungsbereit sein. So braucht es eine Arbeitsorganisation, die Eltern die nötige Flexibilität für Job und Familie einräumt. Die Praxis zeigt, dass vor allem Frauen mit Kindern (in Führungspositionen) neben dem Job auch noch den Familienbetrieb zu Hause am Laufen halten müssen. „Weibliche Führungskräfte werden immer mit dem Aspekt der Doppelbelastung in Verbindung gebracht; männliche Führungskräfte nicht. Deshalb ist es wichtig, dass wir gesamtgesellschaftlich unser Mindset ändern. Denn Vereinbarkeit von Beruf und Familie ist nicht nur Frauensache. Vorbilder zu schaffen, ist dabei unerlässlich." Diverse Studien belegen, dass der Unternehmenserfolg von Diversity abhängt: Gemischte Teams sind extrem kreativ und liefern bessere Ergebnisse – insbesondere wenn es um Innovationen geht. „Ich bin der festen Überzeugung, dass Unternehmen, die nicht divers sind, in den nächsten Jahren scheitern werden. Und umgekehrt sieht man, dass Organisationen, die bereits jetzt divers sind, auch sehr viel erfolgreicher sind. Und dazu gehört eben auch das Thema Vereinbarkeit. Männer, die sich für Familienthemen einsetzen, sichtbar zu machen, würde hier enorm helfen."

„Wir werden es uns zukünftig nicht mehr leisten können, Bewerber ohne Abitur, Hochschul-abschluss und Ähnlichem herauszufiltern "

Dabei haben auch Väter, die sich gleichberechtigt um ihre Kinder kümmern wollen, mit Vorurteilen und Klischees zu kämpfen. Um das zu ändern, müssen Männer füreinander eintreten und diesen unbequemen Weg einschlagen. „Ich finde es vollkommen in Ordnung, Vorurteile zu haben. Viel wichtiger ist meiner Meinung nach, sich dessen bewusst zu sein und zu hinterfragen, wo und warum ich diese Vorurteile habe. Sprache zum Beispiel kann hier sehr viel ändern. Warum benutze ich beispielsweise bestimmte Nomen nur in männlicher Form? Ich achte bei meinen Kindern deshalb darauf, ihnen zu vermitteln, dass es nicht nur den Piloten gibt, sondern auch die Pilotin."

In Zeiten der Digitalisierung werden neben dem Fachwissen Soft Skills wie Teaming, Sozialkompetenz, Kommunikation und Empathie immer wichtiger. „Wir werden es uns zukünftig nicht mehr leisten können, Bewerber ohne Abitur, Hochschulabschluss und Ähnlichem herauszufiltern. Gerade in innovativen Bereichen wie der Digitalbranche – und früher oder später wird alles Digitalbranche sein – brauchen wir Menschen, die persönlich und menschlich bereit und fähig sind, innovativ zu denken, um wirklich revolutionäre Ideen zu entwickeln. Fähigkeiten, die man nicht unbedingt im Studium lernt.“ Daher wird es für Organisationen immer wichtig, bereits im Recruitingprozess zu schauen, wie es um die Problemlösungsfähigkeit ihrer Bewerber bestellt ist: Wie gehen sie mit schwierigen Situationen um? Wie reagieren sie unter Stress? Alles Dinge, die Arbeitgeber sehr interessieren sollte – und nicht, was Bewerber mal vor 20 Jahren an der Uni gelernt haben. „Es sind ja oft auch die Abbrecher, die erfolgreich Start-ups gründen oder die Brains der Szene sind. Die sich in den Systemen nicht wohl oder nicht genug gefordert gefühlt haben – und deshalb ausgestiegen sind. Genau diese Leute brauchen wir mit ihrem Potenzial.“

„Ich weiß aus eigener Erfahrung, wie schwer es ist, den Nachwuchs aus der digitalen Welt herauszuhalten“

Den Nachwuchs rechtzeitig an digitale Medien heranzuführen, wird dementsprechend immer bedeutender. Den richtigen Zeitpunkt dafür zu finden, ist allerdings sehr herausfordernd. „Ich weiß aus eigener Erfahrung, wie schwer es ist, den Nachwuchs aus der digitalen Welt herauszuhalten, wenn beide Elternteile im Digitalbereich tätig und Geräte wie Smartphone und Tablet wichtige Arbeitsgeräte sind. Wir gehen zu Hause den Weg des Vertrauens, da wir es wichtig finden, dass unsere Kinder lernen, digitale Medien selbst zu entdecken. Dementsprechend finden wir es falsch, Kinder möglichst lange von digitalen Medien und Geräten fernzuhalten. In dieser Diskussion versuche ich meinen Standpunkt immer mit einem

Beispiel zu erklären: Straßen sind gefährlich, Kinder können sich dort verletzen. Weil wir aber Straßen brauchen, müssen Kinder lernen, diese zu benutzen. Deshalb ist es nicht Aufgabe der Eltern, ihre Kinder ein Leben lang vor Straßen zu bewahren und sie immer an der Hand über diese zu führen. Sondern sie darauf vorzubereiten, selbstständig zu agieren. Genauso sehe ich es mit digitalen Technologien. Natürlich gibt es hier potenzielle Gefahren. Deshalb ist es wichtig, Erziehungsarbeit zu leisten und ihnen an Beispielen zu zeigen, was passieren kann. Ich richte zum Beispiel die Social-Media-Accounts gemeinsam mit meinen Kindern ein. So stelle ich einerseits sicher, dass die Grundeinstellungen korrekt sind. Andererseits erkläre ich ihnen so, warum gewisse Einstellungen und Verhaltensweisen wichtig sind. Ich kontrolliere aber nicht, was sie den ganzen Tag posten. Denn solch ein Verhalten hilft Kindern nicht dabei, selbstständig zu werden. Bisher fahren wir mit diesem Ansatz ganz gut."

Dennoch gibt es Grenzen, wenn Kleinkinder vor Tablets oder Fernsehern ruhiggestellt werden oder Eltern mit ihrem Baby auf dem Arm im Internet surfen. „Daher sollte man solche Geräte nie einsetzen, um Kinder ruhigzustellen. Allerdings können bereits Kindergartenkinder mit digitalen Medien tolle Sachen machen. Mein achtjähriger Sohn war mehrfach in der HABA Digitalwerkstatt, die tolle Angebote für Kinder verschiedener Altersklassen anbietet. Dort hat er neulich einen Roboter gebaut und mit Stop-Motion animiert. Im Grunde ist es nichts anderes als unsere Ferienbastelkurse früher – nur verbunden mit digitaler Technologie."

Mehr über Magdalena Rogl sowie Links zu den verschiedenen ChangeRider-Formaten gibt es hier: http://people.changerider.com/mrogl

PROF. DR. MARKUS GABRIEL „DER MENSCH SOLLTE, WENN ÜBERHAUPT, IMMER NUR ANGST VOR ANDEREN MENSCHEN HABEN“

Prof. Dr. Markus Gabriel leitet das Internationale Zentrum für Philosophie Nordrhein-Westfalen, welches 2009 per Landtagsbeschluss gegründet wurde. Um das Institut an der Universität Bonn aufzubauen, holte man Gabriel seinerzeit aus New York an den Rhein. Dort lehrt er Erkenntnistheorie und Philosophie der Neuzeit. Aktuell beschäftigt sich der jüngste Philosophieprofessor Deutschlands zudem mit der Gründung des Instituts für Künstliche Intelligenz im menschlichen Kontext, wo es um das Verhältnis zwischen künstlicher und menschlicher Intelligenz gehen wird.

Viele Deutsche haben Angst vor der künstlichen Intelligenz. Sie verstehen nicht, was mit und bei künstlicher Intelligenz (KI) passiert. Ihre Sorge: Zukünftig treffen Maschinen Entscheidungen, auch gegen den Menschen. „Ganz wichtig ist, dass wir uns zunächst erst mal fragen, was künstliche Intelligenz überhaupt ist. Schaut man dann genauer hin, stellt man schnell fest, dass eine sogenannte künstliche Intelligenz, zwar künstlich ist, weil wir sie hergestellt haben, aber keine Intelligenz ist. In einem System, das wir als KI bezeichnen, ist geistig niemand zu Hause. Öffnet man solche Geräte, findet man reine Physik in Form von elektromagnetischen Strömungen, die mit anderen elektromagnetischen Wellenlängen usw. vernetzt sind. Diese reine Physik können wir benutzen, um UNSERE Intelligenz zu artikulieren. Das heißt, ich rechne mit einem Taschenrechner, aber der Taschenrechner rechnet selber nicht – das sieht nur so aus. Und ich kann mit einem Schachprogramm Schach spielen, aber der Einzige der Schach spielt, bin ich. Es ist ganz wichtig, dass man sich das mal klarmacht.“

“Wir sollten unsere Angst nicht auf die Technik schieben”

Dennoch ist die Angst der Menschen existent. Die Sorge, dass Entscheidungen von Maschinen getroffen werden, die von Menschen programmiert wurden, oder, die die Maschinen durch Beobachtung gelernt haben. „Wir sollten unsere Angst nicht auf die Technik schieben. Der Mensch sollte, wenn überhaupt, immer nur Angst vor anderen Menschen haben. Denn der einzig harte Feind des Menschen sind die anderen Menschen – von gefährlichen Tieren einmal abgesehen. Unser Hauptfeind in zivilisierten Gesellschaften sind wir selbst. Und so ist es auch bei KI-Systemen. Treffen sie die Entscheidungen, kann eine Benachteiligung entstehen, weil das KI-System von einem Menschen und seinen Werten gefüttert wurde. Bisher wird zum Beispiel kaum untersucht, wie viele Algorithmen existieren, die im Grunde rassistisch voreingestellt sind. Oder jemand hat einen Algorithmus programmiert, bei dem Menschen, die an einem Freitagnachmittag einen Hoodie tragen, langzeitarbeitslos sind. Dann haben Hoodie-Träger bei diesem KI-System grundsätzlich verloren. Geht ein Hoodie-Träger jetzt zur Bank, erhält er sofort die Rote Karte und ist raus. Denn der Bankangestellte verlässt sich auf das KI-System, versteht dabei aber nicht, wie es Entscheidungen trifft. Fängt nicht jeder Einzelne an, sich darüber im Klaren zu sein, dass die Systeme nicht von sich aus intelligent sind, sondern am Ende irgendwo einer saß, der sie programmiert hat, bekommen wir durch KI mehr von diesen Situationen."

"Wir überprüfen, was eine bestimmte KI-Anwendung mit den Benutzern macht"

Und weil es auch ein Recht auf ein analoges Leben geben muss, was gleichzeitig mit einem Recht auf ein digitales Leben entwickelt wird, setzt Gabriel auf Initiative des Bundeslandes Nordrhein-Westfalen gemeinsam mit der Fraunhofer-Gesellschaft eine KI-Zertifizierungsstelle um. Das Ziel: KI-Systeme zertifizieren zu lassen. „Dabei überprüfen wir, was eine bestimmte KI-Anwendung mit den Benutzern macht. Das heißt, ob die Anwendung ethisch vertretbar ist, oder ob Manipulationsmechanismen eingebaut sind, die auf eine unzulässige Weise den Nutzer manipuliert und nicht hilft. Dabei wird der sogenannte Ethik-TÜV KI-Anwendung in beispielsweise die drei Medaillen Platin, Gold und Silber einstufen. „Den Platin-Status wird es nur geben, wenn eine Anwendung nicht nur hilfreich ist und unser Leben vereinfacht, sondern uns auch moralisch verbessert. Ein Beispiel: Ein KI-System wurde entwickelt, um den verantwortungsvollen Fahrstil zu verbessern. Nutzt ein Autofahrer nun die Hupe zum Aggressionsabbau, schaltet sich prompt eine freundliche Stimme ein, um beim Fahrer Verständnis zu erzeugen. Solch eine KI-Anwendung, die unser Leben verbessert, würde den Platin-Status bekommen."

„Die digitale Gesellschaft ist im Grunde ein Highway mit neuen Autos, niemand aber reguliert sie"

Damit Vorurteile – ob bewusst oder unbewusst – gar nicht erst in einer Software landen, muss eine Aufklärung erfolgen. „Zunächst müssen wir durch philosophische Untersuchungen, also durch das Nachdenken über uns selbst und unsere gesellschaftlichen Vorurteile, die Vorurteile reduzieren – und anschließend entsprechende Regulierungen einführen. Die digitale Gesellschaft ist im Grunde ein Highway mit neuen Autos, niemand aber reguliert sie. Wie bei der Einführung des Automobils. Irgendwann kam auch jemand auf Verkehrsregeln, weil es zu gefährlich wurde. Und so ist es jetzt auch, wir brauchen Regeln. Das heißt allerdings nicht, dass wir die Freiheit einschränken müssen. Ganz im Gegenteil, wir sollten nur überhaupt Regeln haben. Zu denen gelangen wir aber erst, wenn wir darüber nachdenken, was eigentlich Vorurteile sind – was in Deutschland eindeutig zu wenig getan wird. Wir beschweren uns heute über den Nationalismus anderer Nationen – um dann selbstzufrieden auf Deutschland zu schauen und zu denken, man lebt am besten Ort der Welt. Und versteht dabei nicht, dass genau diese Denke Nationalismus ist. Denn Nationalismus heißt nicht, andere zu vernichten. Nationalismus fängt in dem Augenblick an, wo man sich ganz sicher ist, am besten Ort der Welt zu leben – es hat also nichts mit neuen Parteien zu tun."

Wir alle wissen, es gibt das Stereotyp, das Markenprodukt, was längst nicht mehr von der Werte gebundenen ordentlichen deutschen Produktherstellung eingelöst wird (Stichwort: Dieselskandal). Wir brauchen also eine ethisch regulierte Auffassung. Doch wie müsste ein neues Modell, dass wir auf allen Digitalisierungsmärkten anbieten, aussehen? „Wir sollten versuchen, digitale Produkte wie beispielsweise Industrieroboter von vornherein ohne Vorurteile zu bauen. So könnte sich Deutschland zum progressiven Land für neue Produkte entwickeln. Dafür müssten wir aber erst einmal maximal progressiv werden; und dann stolz bezüglich des progressiven Wertekatalogs sagen: ‚Bei uns bekommt ihr die ethisch progressive KI.' Also nicht nur irgendeine ethische KI mit den Werten der Preußen, sondern eine ethisch progressive KI, die das Niveau hat, im 22. Jahrhundert immer noch großartig zu sein."

Klingt ein bisschen wie Mission Impossible. „Ist aber dennoch machbar. Dafür müssten wir zunächst verschiedene Funktionssysteme der Gesellschaft an einen Tisch bringen. Das heißt, mindestens die Politik, Wissenschaft und Wirtschaft, aber, und das wird immer unterschätzt, in dem Fall auch die Geisteswissenschaften. Denn die eigentliche Rolle der sogenannten Geistes- und Sozialwissenschaften, wenn man sich die letzten 200 Jahre anschaut, als die noch ihren Job gemacht haben und nicht unterfinanziert waren, bestand nämlich genau darin: Vorurteile zu reduzieren. Die Geschichtswissenschaft klärt über die Vergangenheit auf und untersucht Vorurteilsstrukturen der Vergangenheit. Die Philosophie untersucht im Allgemeinen Vorurteile über den

Menschen als solchen. Und nur wenn wir die Vorurteile identifizieren, können wir sie auch beseitigen."

„Wir alle sind Zuschauer der Show ‚The Apprentice' und merken es gar nicht"

Die AFD zum Beispiel schürt Ängste, indem sie Vorurteile gegenüber Flüchtlingen entwickelt. Diese Vorurteile entstehen aufgrund nachweislich falscher Informationen (Stichwort: Fake News). „Zum Thema Fake News muss man sich klarmachen, dass ein Teil unseres journalistischen Betriebs, der gar nicht nur aus Fake News besteht, selbst in schlechter Form ist. Ein Beispiel: Tagein, tagaus wird irgendein Unsinn über Donald Trump berichtet. Überall wird auf der aller banalsten Ebene berichtet, was er gesagt und getan hat. Wir alle sind Zuschauer der Show „The Apprentice" und merken gar nicht, dass das eine Verkaufsstrategie von Trump ist. Dieses riesige Fake-News-System wird auch durch die sogenannten seriösen Medien weiterverbreitet. Denn auch sie berichten tagein, tagaus darüber. Die Wahrheit über das postfaktische Zeitalter ist also nicht, dass es lügt. Das ist der Irrtum. Wer lügt, kennt die Wahrheit. Denn Lüge heißt ja, die absichtliche Behauptung des Falschen, um ein Ziel zu erreichen. Ich kann aber nicht lügen, ohne die Wahrheit zu kennen. Das heißt, Trump lügt gar nicht. Darum geht es aber auch gar nicht. Das postfaktische Regieren besteht darin, dass es nicht darauf ankommt, ob etwas wahr oder falsch ist. Es kommt nur darauf an, dass darüber berichtet wird. Für diese Regierungsform ist es also völlig egal, ob es wahr oder falsch ist. Und alle fallen drauf rein, weil sie denken, er lügt, er sagt jetzt schon wieder etwas Falsches. Genau diese Berichterstattung ist also das Problem."

„Deutschland regiert bisher ganz klassisch nach dem Modell, wir müssen etwas Gutes für das Land tun"

Die Berichterstattung über die AFD funktioniert teilweise genauso. Da sagt irgendeiner etwas, was offensichtlich falsch ist oder löst einen Skandal aus. Es kommt auch hier nicht darauf an, ob es wahr oder falsch ist. Denn dafür wurde nicht angetreten. Es wurde angetreten, eine Alternative für Deutschland anzubieten. „Deutschland regiert bisher ganz klassisch nach dem Modell, wir müssen etwas Gutes für das Land tun – also ganz brav konservativ. Dieses Modell des Regierens wird jetzt durch das postfaktische Zeitalter herausgefordert. Begriffen haben das aber die wenigsten. Denn wir gehen davon aus, dass diese alternativen Parteien, die überall auftreten, uns anlügen. Das tun sie aber nicht. Sie betreiben eine Form der Aufmerksamkeitsmaschine, bei der es nicht darauf ankommt, ob es wahr oder falsch ist. Und das ist etwas anderes als lügen."

Doch wie müssten solche Systeme aussehen, die das Verbreiten von Falschnachrichten verhindern? „Ganz einfach, jede Plattform, die keinen Durchsuchungsmechanismus hat, der garantiert, dass die Wahrscheinlichkeit sehr hoch ist, dass nur wahre Informationen verbreitet werden, müsste sofort verboten werden. Ein Beispiel: An jeder Ecke in der Stadt stehen Personen, die unseren Kindern offensichtlich falsche Informationen geben. Und unsere Kinder fangen an, die zu glauben. Vielleicht bekommen sie dazu auch noch Geld oder gar Drogen. Hier würde sehr schnell die Polizei einschreiten und die Person entfernen. Faktisch ist das Internet heute wie so eine Person. Das liegt aber nicht daran, dass das Internet böse ist, sondern dass es so schlecht gemacht ist, dass verantwortungslose Menschen uns hier manipulieren können. Auch werden sie momentan noch begünstigt. Das heißt, wir haben hier auch ein medienethisches Problem. Denn auch unsere Qualitätsmedien spielen bei diesem Spiel teilweise mit, da sie sich beim Buhlen um Zugriffe und Ähnliches in einer Konkurrenzsituation mit dem Betrüger an der Ecke sehen." Das heißt, so wie das System jetzt ist, muss es verboten werden. Ansonsten führt es zum Ende des demokratischen Rechtsstaates. „Aus der heute gültigen Medienpolitik, die sich hoffentlich bald ändert, wird der Untergang der Demokratie zwingend resultieren. Das wird vielleicht noch zehn oder auch 20 Jahre dauern, aber so, wie es aktuell funktioniert, wird das System dafür sorgen, dass die Demokratie sich selbst abschafft." Wenn wir unser Wertesystem mit dem Grundgesetz behalten wollen, müssen wir also unsere Medienpolitik ändern, weil es keine Alternative gibt.

„Es sind aber auch die einschlägigen YouTuber, die uns ihren Lebensstil verkaufen, indem sie uns erzählen, was sie wann wo gemacht haben – und gleichzeitig ein Werbeprodukt anpreisen. Bereichern sich solche Leute leicht im Wilden Westen des Internets und andere damit unterwerfen, ist das ebenso problematisch. Es sind also nicht nur Cambridge-Analytica oder das Wahlteam von Trump, es kann jeder sein. Demokratische Grundlage muss also die gemeinsame Wahrheitssuche sein. Das Internet dient heute aber der amerikanischen Auffassung von Meinungsfreiheit, die in meinen Augen falsch ist. Nämlich: Jede Meinung ist genauso gut wie jede andere. Das stimmt aber nicht, eine falsche Meinung ist schlechter als eine wahre Meinung."

„Wenn wir ins 22. Jahrhundert kommen wollen, müssen wir lernen, stilistisch umzudenken"

Nun können wir versuchen, die Medienlandschaft entsprechend anzupassen; oder die Strategien zu entlarven und die Menschen zu informieren. „Das darf gar nicht so interessant sein, wir sollten vielmehr etwas anderes interessant machen. Die Amerikaner zum Beispiel steuern vieles erfolgreich über Fernsehserien. Ich kenne sehr konservative Uni-Historiker, die alle ‚Game of Thrones' schauen, weil sie das Gefühl haben, es ist doch geil. Selbst bei Mittelalter-Historikern hat sich rumgesprochen, dass die Serie für sie interessant ist – was wirklich bemerkenswert ist. Wir bräuchten, wie zum Beispiel in den 1990er-Jahren die Serie ‚Hurra Deutschland', eine Serie, die uns das ganz langweilige Regierungsgeschäft so nahebringt, dass wir das bemerkenswert finden und mehr Respekt vor der Arbeit unserer Politikern haben. Wir haben jedoch nicht genug Ironie unserer Politik gegenüber. Deswegen versteht ein Horst Seehofer auch die Welt nicht mehr, ist irritiert und sagt: ‚Ich weiß gar nicht, was die von mir wollen. Ich bin doch einfach nur ein aufrichtiger Politiker, werde in den Medien aber hin und her geschubst.' Ich nehme ihm das ab. Denn diese urdeutsche Stämmigkeit funktioniert nicht mehr, wenn man hinreichend progressiv ist. Wenn wir ins 22. Jahrhundert kommen wollen, müssen wir lernen, stilistisch umzudenken."

Wir alle haben heftige Vorurteile. Daher kann das Zeitalter der künstlichen Intelligenz (im guten Sinn) erst dann beginnen, wenn es uns intelligenter macht und uns zudem interessiert, Vorurteile zu verlieren. „Der Social Score in China beispielsweise, der das Verhalten seiner Bürger bewertet, wird von uns stark kritisiert. Aber hier sollten wir vorsichtig sein, denn gegenüber China haben wir auch unendlich viele Vorurteile. Wir vergessen bei unserem Urteil, dass das chinesische Regierungssystem irgendwann einmal in Deutschland durch Karl Marx erfunden wurde. Dann hat der chinesische Marxismus eine große Geschichte durchlaufen mit Höhenpunkten wie Mao als Theoretiker. Auch Xi Jinping wird dafür gelobt, dass er Theorien hat – welche auch immer das sind. Das muss man berücksichtigen, um die Entwicklung in China zu verstehen. Bei uns würde der Social Score auf keinen Fall funktionieren. Wir würden die Kameras in der Öffentlichkeit, die unser Verhalten messen, ablehnen. Daher wäre es bei uns auch nicht möglich, die Anzahl von Toilettenpapier, die man täglich auf öffentlichen Toiletten benutzt, per Gesichtserkennungssoftware zu messen. Wer plötzlich überdurchschnittlich viel verbraucht, muss krank sein und die Gesundheitssysteme schalten sich ein. Oder das ‚Smile to pay': In Schanghai zahlt man nicht mehr mit dem Handy, sondern mit einem Lächeln. Die Gesichtserkennung ist so gut, dass man einfach ins Geschäft geht, etwas mitnimmt und geht. Die Transaktion ist also nur das freundliche Lächeln. Das ist Hardcore-Digitalisierung, denn alle Informationen werden in der Gesamtüberwachungsapp gespeichert, die dann steuert, ob man zum Beispiel ein Upgrade in die Businessclass bekommt oder beim Dating überhaupt infrage kommt. Diese Black-Mirror-Situationen sind dort längst Realität. Wer das nicht will, muss Produkte entwickeln, die nicht so sind. Daher müssen wir von vornherein ganz klar sagen, dass das bezüglich Ethik und Werte nichts für uns ist."

„Ein Kooperationsmodell, in dem die Einflussbereiche der Gesellschaft kooperieren"

„In Deutschland besteht die Chance einer Kooperation von Politik, Wirtschaft, Wissenschaft und anderen Subsystemen der Gesellschaft. Dazu gehört die Kunst, dazu gehören Formate wie der ChangeRider, aber auch die, die uns zuhören und zuschauen. Dazu gehören alle. Das heißt, wir müssen ein Kooperationsmodell schaffen, dürfen dabei aber nicht denken, dass die Subsysteme der Gesellschaft Feinde sind. Denn wenn die Wirtschaft die Politik infrage stellt, die Wissenschaft die Wirtschaft, die Wirtschaft die Kunst usw., leben wir ein Feindesmodell, in dem gegenseitiges Misstrauen herrscht. So aber werden wir unseren Staat zerstören. Wir müssen also ein Kooperationsmodell entwickeln, wo die Einflussbereiche der Gesellschaft kooperieren – und zwar in Hinblick auf das geteilte Ziel: die Verbesserung der Menschheit. Ansonsten haben wir verloren. Das müssen wir als Land für Europa leisten, allerdings müssen wir es erst einmal in Deutschland schaffen. Und zwar wir alle! Weil aber Deutschland aktuell wirtschaftlich sehr stark und auch demokratisch respektabel aufgestellt ist, sowie neue Debatten im Land angestoßen sind, die sich gut entwickeln können, haben wir diesen Auftrag."

Mehr über Markus Gabriel sowie Links zu den verschiedenen ChangeRider-Formaten gibt es hier: http://people.changerider.com/mgabriel

ULRICH SCHÄFER
„DAS WICHTIGSTE ELEMENT BEI DER DIGITALISIERUNG IST NICHT DER ROBOTER, SONDERN DER MENSCH“

Ulrich Schäfer ist Nachrichtenchef der „Süddeutschen Zeitung“ und steuert den zentralen Newsdesk. Als Autor von „Deutschland digital“ stellt sich der Journalist gegen die Untergangspropheten der Digitalisierung in unserem Land. Er will mit seiner positiven Haltung zur Digitalisierung begeistern und Mut machen. Was er vor fünf Jahren – vor seiner Buchveröffentlichung – noch ganz anders sah. Da war auch Schäfer noch der Meinung, dass die Digitalisierung im Silicon Valley stattfindet und Deutschland keine Chance hat.

Die Digitalisierung schreitet in einem enormen Tempo voran. Aktuell befinden wir uns in der zweiten Stufe der Digitalisierung, was Deutschland enorm zugutekommt. Einige sehen darin das Internet der Dinge, andere die Industrie 4.0. „Für mich persönlich ist das zu eng gefasst. Es geht um weit mehr. Denn es geht um die Vernetzung aller Geräte, Produkte und Dienstleistungen miteinander. Dass Silicon Valley versteht vielleicht mehr vom Internet. Deutschland aber hat mehr Know-how bei der Produktion.“ Werden Geräte, Produkte und Dienstleistungen ans Netz angeschlossen und sollen miteinander kommunizieren, hat Deutschland mit seiner jahrzehntealten Erfahrung in Ingenieurskunst gute Voraussetzungen, weit vorn dabei zu sein.

„Was uns in der Tat fehlt ist das Mindset ‚Packen wir es an, legen wir los und probieren es aus“

Die entscheidende Fragen sind also: Lernen Softwareunternehmen schneller, auch Produktionsprozesse aufzusetzen? Oder ist es für deutsche Unternehmen, die sich auf Produktionen verstehen, leichter, die Kompetenzen zu erlernen, die es braucht, um im digital vernetzten Zeitalter erfolgreich zu sein? „Ich glaube, es ist für uns leichter. Was uns in der Tat fehlt ist das Mindset ‚Packen wir es an, legen wir los und probieren es aus‘. Und auch die Haltung: Wir können das eigentlich. Das beschäftigt mich sehr.“ Die vielen Schwarzseher und Untergangspropheten, die einfach alles schlechtreden, sind daher überflüssig. Nur im Fußball glaubt Deutschland, zu den Besten zu gehören. Warum glauben wir es nicht auch in anderen Bereichen, insbesondere in der Wirtschaft?

Dabei gewinnen Start-ups als Wirtschaftsfaktor in Deutschland zunehmend an Bedeutung – vor allem im Bereich der Zukunftstechnologien sind sie wichtig. „Vor ein paar Jahren war die Gründerkultur in Deutschland noch nicht so entwickelt. Inzwischen aber ist die Entwicklung unglaublich weit vorangeschritten. Bei Finanzierungen allerdings ist es nach wie vor schwierig. Während in den USA und auch in Großbritannien eine Venture-Capital-Kultur existiert, sind Investoren hierzulande noch immer zu zögerlich. Zwar gibt es

Anfangsfinanzierungen wie Seed-Finanzierungen oder Series A und B. Geht es aber um größere Beträge, wird es schwieriger.“ Beeindruckend aber ist die Start-up-Kultur, die sich nicht nur auf eine Stadt konzentriert. Denn auch wenn Berlin der deutsche Hotspot für Start-up-Gründungen ist, andere Regionen werden immer aktiver. „Am Anfang glaubten ja alle nur an Berlin – schon in Potsdam hörte es auf. Inzwischen gibt es in Deutschland ganz viele Start-up-Zentren. So, wie die deutsche Wirtschaft mit ihren etablierten Unternehmen über das ganze Land verteilt ist, ist es mit den Start-ups inzwischen auch.“

“FlixBus war von Anfang an ein sehr kundenzentriertes Unternehmen und hat mit seinem besseren Angebot etablierte Player vom Markt gedrängt”

Ein gutes, weil sehr erfolgreiches Beispiel ist das Unternehmen FlixBus. Es zeigt, dass man auch in Deutschland innerhalb von fünf Jahren ein wirklich sehr großes, erfolgreiches Start-up aufstellen kann. Vor allem ist es ein gutes Beispiel dafür, dass Deutschland auch Plattformen kann. „FlixBus war von Anfang an ein sehr kundenzentriertes Unternehmen und hat mit seinem besseren Angebot etablierte Player vom Markt gedrängt. Neben sauberen Bussen war WiFi von Anfang an in allen Fahrzeugen Standard. Es gab Leute, die haben sich auf der Autobahn hinter einen FlixBus gehängt, damit sie vom WiFi profitieren konnten.“ Zum Erfolg gehört sicher auch, dass die Gründer nicht nur Streckennetz und Lücken analysierten, sondern es auch schafften, ihre Preise niedrig zu halten. Mit der ganz klaren Strategie, Marktanteile zu erobern und so nacheinander Konkurrenten zu schlucken oder zum Aufgeben zu zwingen. „Sie haben den Postbus und den IC Bus der Deutschen Bahn als Konkurrenten mit einem Marktanteil von 80 bis 90 Prozent hinter sich gelassen. Und mit dem Schritt, auch den ausländischen Markt zu bedienen, versucht FlixBus das, was andere Plattformen auch machen, nämlich skalieren."

„Wie Uber hat auch FlixBus den Markteintritt nach der Lean-Startup-Methode vollzogen"

Obwohl die Deutschen eine besondere Beziehung zu ihrem Auto haben und das Fliegen immer günstiger wird, haben die drei FlixBus-Gründer, die von der TU München kommen und von ‚UnternehmerTUM' (der Start-up-Schmiede der TU München) gefördert und begleitet wurden, ein traditionelles Verkehrsmittel erfolgreich digitalisiert. „Wie Uber hat auch FlixBus den Markteintritt nach der Lean-Startup-Methode vollzogen. Das heißt, sie sind stark über das Plattform-Business in den Markt eingestiegen. Uber wollte rumfahrende Autos nutzen und Fahrern zusätzliche Einnahmen verschaffen. Diesen Gedanken hat FlixBus 1:1 auf das Busgeschäft übertragen: Die bei Busunternehmen ungenutzten Busse und Kapazitäten waren ihr Türöffner – was sie jetzt übrigens auch mit FlixTrain machen." Ein wichtiger Aspekt, wenn man langfristig erfolgreich sein möchte, ist, nicht in die Plattform-Falle zu tappen: Die Organisation optimiert die Plattform immer weiter, für die Arbeitsbedingungen derjenigen, die auf der Plattform arbeiten, interessiert sich aber niemand. „Uber ist ein gutes Beispiel dafür, was passiert, wenn man sich nur um die Plattform kümmert. Sie haben ihre Plattform extrem optimiert, dabei aber weder auf die Firmenkultur geachtet, noch darauf, wie es den Fahrern dabei geht."

„Der Umgang mit Daten ist eine der großen Gerechtigkeitsfragen dieser Zeit"

Ein Problem, was viele Silicon-Valley-Unternehmen haben: Sie versuchen Marktanteile zu erreichen, koste es, was es wolle. Was ihnen fehlt, sind ethische Standards und ein Verantwortungsgefühl ihren Mitarbeitern gegenüber. Deutschland mit Betriebsräten und starken Gewerkschaften hingegen verfügt über eine ganz andere Kultur: Es existiert ein ganz anderes Miteinander zwischen Arbeitgeber und -nehmer. Das lähmt sicher manchmal, schafft jedoch auch Voraussetzungen, nicht in die Plattform-Falle zu tappen. „Kunden und Verbrauchern, insbesondere gegenüber den großen Anbietern, werden in Deutschland eine größere Macht eingeräumt. Geschäftsmodelle, die auf der reinen Ausbeutung von Daten zu lasten der Kunden basieren, werden daher Grenzen gesetzt. Die Kanzlerin sagt es deutlich: Der Umgang mit Daten ist eine der großen Gerechtigkeitsfragen dieser Zeit, und wirft die Frage in den Raum, ob man Daten in irgendeiner Form besteuern sollte. Wobei Angela Merkel wohl meint, insbesondere Unternehmen wie Google, Facebook & Co. stärker zu besteuern, und sie auch dort zu besteuern, wo sie Daten sammeln, mit ihnen arbeiten und Geld verdienen. Das würde sicher dazu führen, dass manches Steuersparmodell nicht mehr funktioniert."

Dennoch ist der Standort Deutschland für internationale Unternehmen sehr spannend. Etliche Konzerne haben sich in den letzten Jahren zum Beispiel in der Parkstadt Schwabing in

München angesiedelt – mit zum Teil sehr wichtigen Einheiten. Watson, der Supercomputer von IBM, ist hier beheimatet. Und auch das weltweite Headquarter für das Internet der Dinge hat IBM hier angesiedelt. Ein Grund sind sicher die hier ansässigen Industrieunternehmen, die bei der Digitalisierung vorweg gehen – zum Beispiel BMW mit dem großen Entwicklungszentrum für das autonome Fahren, oder Infinion mit ihrer Chipproduktion. „Das internationale Unternehmen hier sind, zeigt, wie weit München bei der Digitalisierung vorangeschritten ist. Ein gutes Beispiel ist auch Katharina Kreitz mit ihrem Maschinenbauunternehmen Vectoflow – übrigens auch eine Gründung, die aus UnternehmerTUM hervorgegangen ist. Sie entwickelt Sensoren, die die Strömungen an Fahrzeugen überwachen. Einer ihrer ersten Kunden kam daher auch aus der Formel 1. Mittlerweile arbeitet das Unternehmen für verschiedene Unternehmen aus der Auto-, Luft- und Raumfahrtbranche. Eine Frau, die in der Männerdomäne Maschinenbau erfolgreich gegründet hat.“

“Das wichtigste Element bei der Digitalisierung ist nicht der Roboter, sondern der Mensch”

Die zunehmende Komplexität kommt nicht ohne Menschen aus. Verheerend wäre daher, wenn wir bei dieser Entwicklung den Bildungsbereich vernachlässigen würden. Und da Maschinen in absehbarer Zeit nicht über Empathie, Sozialkompetenz, Kommunikation und Teamfähigkeit verfügen werden, sollten diese Kompetenzen vor allem bei der Nachwuchsförderung Berücksichtigung finden. „Das wichtigste Element bei der Digitalisierung ist nicht der Roboter, sondern der Mensch – und er wird es auch bleiben. Ich halte nichts von dem Gerede, dass alle unsere Arbeitsplätze verschwinden und die künstliche Intelligenz mit ihren schlauen Robotern und Maschinen die Arbeit erledigen wird." Das wird weder in der Dienstleistungsbranche noch in der Pflege oder Medizin der Fall sein. Sicherlich werden Maschinen und Roboter den Mensch bei seiner Tätigkeit unterstützen. Übernehmen Roboter in Krankenhäusern und Pflegeheimen beispielsweise Hebetätigkeiten, stellt das allerdings mehr eine Entlastung als ein Problem für Mitarbeiter dar. Der Mensch wird der entscheidende Gestalter bleiben. „Die Vision, dass irgendwann irgendwelche Maschinen sich selbstständig machen und alles organisieren, halte ich für völlig abenteuerlich. Schöne Science-Fiction, liest sich nett, hat aber mit der Realität heute, morgen und übermorgen überhaupt nichts zu tun."

Mehr über Ulrich Schäfer sowie Links zu den verschiedenen ChangeRider-Formaten gibt es hier: http://people.changerider.com/uschaefer

FABIAN KIENBAUM
„ES WIRD IMMER DEUTLICHER, DIGITALE TRANSFORMATION IST SOZIALE TRANSFORMATION“

Fabian Kienbaum, seit Januar 2018 Chief Empowerment Officer (CEO) von Kienbaum, ist wie viele andere Unternehmer auch mit seiner Organisation massiv im Wandel. Als CEO von Kienbaum versteht er sich jedoch nicht als Chief Executive Officer, sondern als Chief Empowerment Officer. Vor seinem Einstieg bei Kienbaum im Jahr 2014 arbeitete er in einer internationalen Unternehmensberatung in London und war als Bundesligahandballer für den VfL Gummersbach aktiv.

Infolge der Unternehmensphilosophie bezeichnet sich Fabian Kienbaum als Chief Empowerment Officer. Er will eine Kultur schaffen, in der Potenzialentfaltung großgeschrieben und in der er in seiner Rolle irgendwann überflüssig wird. Dazu gehörte auch der Standortwechsel in Berlin. Weg vom Potsdamer Platz und hin zum neuen Standort in der Dessauer Straße. Hier hat Kienbaum transparentere und offenere Räume ohne feste Arbeitsplatzzuordnung geschaffen – um zu transportieren, dass auch Kienbaum selbst erlebt, wo die Zukunft hingeht. Dabei verlaufen Staffelübergaben in Familienunternehmen nicht immer reibungslos. Als Fabian Kienbaum ins Familienunternehmen einsteigt, gibt er sich und seinem Vater fünf Jahre für den Übergang. „Ich habe sehr stark von der Erfahrung meines Vater profitiert. Unsere Beziehung war geprägt von der alten Schule mit einem patriarchischen Stil – was meinen Vater motiviert hat, mir viel Freiraum zu geben. Insofern war mein Einstand sehr gut. Dabei war der Erfolgsfaktor bei unserer Zusammenarbeit Vertrauen. Wir waren nicht immer einer Meinung, der ständige Austausch und der Zusammenhalt aber waren uns enorm wichtig." Um den engen Draht zueinander nicht zu verlieren, arbeiteten Vater und Sohn eine Zeit lang als Co-CEOs und in einem Führungsteam von sieben Leuten nebeneinander.

„Wir sind 73 Jahre alt, haben eine lange Historie, sind demzufolge sozialisiert und verfügen über eine entsprechende DNA"

Möchten Beratungsunternehmen in Zukunft New Work positionieren, müssen sie es leben und verkörpern. Kienbaum ist auf dem Weg zu einem New-Work-Beratungshaus. „Wir sind 73 Jahre alt, haben eine lange Historie, sind demzufolge sozialisiert und verfügen über eine entsprechende DNA: Mein Großvater war Ingenieur, wir kommen also aus der klassischen Unternehmensberatung mit Struktur- und Prozessoptimierung. Mein Vater konzentrierte sich auf das Thema Personalberatung mit Personalentwicklungskonzepten und Beratungsleistungen rund um den Faktor Mensch. Diesen Zweiklang haben wir bis heute beibehalten.“ Nun sind im Laufe der Zeit die Grenzen wesentlich fließender geworden. Daher ist für Organisationen neben dem Thema Personalsuche auch relevant, ob Teams für die Zukunft gewappnet sind: Wo muss das Thema Weiterbildung angesetzt werden? Wie sehen Aufbau- und Ablaufstrukturen aus? „Wir haben mit einer Unternehmenswelt zu tun, in der das Thema bisher stark nach innen gelebt wurde. Der Markt wird aber transparenter und die Kundenanforderungen sind andere, darauf müssen wir entsprechend reagieren.“ Kienbaum hinterfragt aber nicht nur die Entwicklung seiner Kunden, sondern auch den eigenen Status quo. „Es wird immer deutlicher, digitale Transformation ist soziale Transformation. Wie die Themen umgesetzt werden, hat daher extrem viel mit den Menschen zu tun.“

„Die Kunst ist, eine Arbeitswelt zu kreieren, in der viele neue Lösungen entstehen“

Daher ist beim Thema New Work mittlerweile die Autonomie und Individualität von Führung die größte Herausforderung. „Wir haben stark hierarchisch, aus dem Industriezeitalter geprägte Organisationen, in denen jeder seine Rolle hat. Die Kunst ist jetzt, eine Arbeitswelt zu kreieren, in der viele neue Lösungen entstehen.“ Ein Beispiel in diesem Zusammenhang ist Tandemploy: Die Tandemploy SaaS verbindet dabei Mitarbeiter innerhalb eines Unternehmens für flexible Arbeitsformen, (neue) Kollaborationsformen und Themen aller Art – und sorgt so für einen lebendigen Wissenstransfer, die Öffnung von Silostrukturen, mehr Innovationskraft sowie eine höhere Wettbewerbsfähigkeit. Hierfür braucht es eine Führung, die diese Entwicklung in die Organisation trägt. „Es geht an die Insignien der Macht wie Status und Hierarchie, was sehr Ego behaftet ist. Das aber wird mittlerweile offen infrage gestellt. Was nicht bedeutet, dass es überflüssig wird. Die Auseinandersetzung damit wird nur viel stärker.“ Was zum Thema Agilität und den Fragen führt, was das eigentlich heißt, wenn die Welt sich immer schneller dreht und die Komplexität immer größer wird. Wie können Organisationen darauf adäquat reagieren?

“Solch eine gravierende Veränderung ist immer auch eine große Herausforderung”

Durch die fortschreitende Digitalisierung und die Frage, welche Bedeutung diese Entwicklung für ein Beratungsunternehmen hat, hatte Fabian Kienbaum schnell sein Thema und eigene Projekte bei Kienbaum. „Solch eine gravierende Veränderung ist immer auch eine große Herausforderung, denn Organisationen wie Kienbaum bestehen häufig aus erfahrenen Führungscrews, die sich ihren Weg an die Spitze viele Jahre lang hart erkämpft haben. Unser Teamansatz ist daher, dass jeder Chief Empowerment Officer in einer Primus-inter-Pares-Rolle ist. Und auch wenn wir alle uns einig sind, dass es primär um die Frage geht, wie wir uns für die Zukunft aufstellen wollen, sind wir auch herausgefordert.“ Dabei übt der fortschreitende Generationswechsel, der Diversity als wichtigste Eigenschaft von Organisationen ansieht, ebenfalls Druck auf die Führungskultur von Unternehmen aus. Männliche Netzwerke und sogenannte Buddy-Systeme, die in der Vergangenheit vor allem Männer in Führungsrollen brachten, werden für Unternehmen daher zunehmend zum Problem. „Ein sehr diffiziles, aber ein umso wichtigeres

Thema. Und auch wenn ich kein Freund der Quote bin, ist sie gut und hilfreich. Ich verstehe Frauen, die sich dagegen aussprechen, eine Quotenfrau zu sein. Nichtsdestotrotz ist sie hilfreich, um gewisse Paradigmen zu durchbrechen. Ich prognostiziere auch, wenn sich auf Vorstandsebene nicht wesentlich etwas verändert, wird der Gesetzgeber es vermutlich nicht bei Regeln für Aufsichtsräte belassen. Dann werden wir auch hier Bewegung erleben."

„Die Arbeitswelt muss weiblicher, aber auch bunter und vielfältiger werden"

Es muss ins Bewusstsein von Führungsteams dringen, dass Organisationen mit diversen Teams erfolgreicher sind. Was dabei fehlt sind Rahmenbedingungen, die es vereinfachen, Familie und Beruf unter einen Hut zu bringen. „Die Möglichkeiten, die heute durch Technologien und Arbeitskulturen wie New Work (z. B. keine Präsenzpflicht, Jobsharing auch auf Führungsebene) mehr und mehr entstehen, sind dabei sehr hilfreich. Vieles, um was wir uns gerade bemühen, wirkt sich daher positiv aus." Dabei braucht es mehr Durchlässigkeit sowie Programme für junge Talente – nicht nur für Frauen. Denn auch (junge) Männer finden das Thema wichtig. Hilfreich ist deshalb, nicht nur Frauennetzwerke zu fördern, sondern vor allem Netzwerke für Frauen UND Männer, die das Thema gemeinsam vorantreiben. „Als logische Konsequenz daraus muss die Arbeitswelt weiblicher, aber auch bunter und vielfältiger werden. Deshalb sollte auch das Thema Seniorität aufgebrochen werden. Warum zum Beispiel bestehen Gremien häufig aus Männern, die über 50 Jahre alt sind? Wir haben diese Werkzeuge in der Hand und ich bin überzeugt, wir werden es in der Zukunft besser machen als in der Vergangenheit."

„Wer Formate zum Austausch und zur Intervention schafft, holt Menschen aus ihrem gewohnten Umfeld"

Kommt ein Beratungsunternehmen wie Kienbaum in eine Organisation und soll dort solche Strukturen aufbrechen, ist das in der Regel bei Führungskräften und Mitarbeitern mit viel Schmerz verbunden. „Der Weg, die Veränderung zunächst in kleineren Einheiten zu starten und die Kernorganisation erst einmal außen vor zu lassen, ist daher sinnvoll. Wichtig dabei ist aber, Austauschmöglichkeiten zwischen Einheit und Organisation zu schaffen, damit die Inspiration am Ende abfärbt." Was Kienbaum gerade erfolgreich einsetzt, auch in eigener Sache, sind Künstler – was oft erst einmal für Irritationen sorgt. Allein die Sprache in der Arbeitswelt ist sehr auf Effizienz getrimmt und technokratisch. Spricht ein Künstler hier über Gefühle, Emotionen, Liebe, Romantik – was im Unternehmenskontext eigentlich nicht stattfindet –, führt das schnell zum Thema Menschlichkeit. „Wer Formate zum Austausch und zur Intervention schafft, also einen Raum zum Erleben und Auseinandersetzen kreiert, holt Menschen aus ihrem gewohnten Umfeld, zeigt, was möglich ist, und baut Ängste und Sorgen ab."

Dafür braucht es vor allem in der Entwicklungsphase Digitalverantwortliche, die die richtigen Themen vorantreiben, den richtigen Rahmen setzen sowie auf die richtige Geschwindigkeit, Agilität und Nutzerzentrierung achten. Sowie Führungskräfte, die als Botschafter die Entwicklung in die Kernorganisation tragen und dort begleiten. Experten mit diesem Know-how zu finden, stellt Organisationen allerdings vor große Herausforderungen. Und nicht nur das Finden dieser Menschen ist herausfordernd, sondern auch ihr Zusammenbringen mit der Organisation. „Wenn man als Unternehmen nicht attraktiv genug ist oder nicht die richtige Story erzählen kann, wird man niemanden finden, der daran mitwirken will. Ein Paradigmenwechsel, denn es ist nicht mehr wie früher, dass man jemanden engagiert und der bleibt dann Zeit seines Lebens in der Organisation. Und auch die Tatsache, dass sich mittlerweile nicht mehr alles nur ums Geld dreht, macht es Unternehmen ebenfalls nicht einfacher."

„Entscheidend ist die Story: Warum machen wir das?"

Digitalexperten committen sich inzwischen nur noch, wenn Kultur und DNA der Organisation stimmen, sie Zeit und Geld zur Entwicklung erhalten und sie spüren, dass der Vorstand es ernst meint und die nächsten Jahre Vollgas geben will. „Entscheidend ist die Story: Warum machen wir das? Glauben wir tatsächlich daran? Oder gehen wir diesen Weg nur, um sagen zu können, dass wir jetzt auch jemanden haben, der sich kümmert?"

Im Hinblick auf Change und Digitalisierung ist Bildung essenziell. Das deutsche Bildungssystem jedoch bereitet einem Sorgen. „Wir brauchen hier dringend eine Veränderung. Das heißt nicht, den Föderalismus aufzugeben, sondern vielmehr, die Entwicklung kritisch zu hinterfragen. Dabei sollten wir die Ideologie aus dem Thema nehmen und einen Blick auf die 16 Bundesländer werfen: Was funktioniert in welchen Bundesländern gut? Und wir sollten einen Blick auf unsere europäischen Nachbarländer und ihre Bildungssysteme werfen: Wer macht was gut? Und was machen die besser? Verzichten wir auf Grabenkämpfe innerhalb Deutschlands, haben wir den Blick für den Wettbewerb frei, der nun mal global ist. Dafür sollte der Bund mehr Kompetenzen erhalten und Investitionen tätigen dürfen. Es macht doch keinen Sinn, dass er keine Investitionen tätigen darf, gleichzeitig die Kommunen aber klamm sind.“ Dabei geht es aber nicht nur um die Ausstattung, sondern auch um die Lehrpläne: Welche Skills und Fähigkeiten brauchen wir zukünftig? „Es gibt einen Post von einer Schülerin, die sagt: ‚Ich kann Gedichte analysieren und die fünfte Wurzel bilden. Ich weiß aber nicht, wie man einen Versicherungsvertrag abschließt oder eine Wohnung sucht.‘ Das heißt, wir müssen die Jugend auch bezüglich pragmatischer Alltagsthemen erziehen und ausbilden, damit sie selbstständig sind und Verantwortung übernehmen können.“

„Wir sollten für Fächer wie Philosophie, Kunst und Musik als integrale Bestandteile sensibilisieren“

In den nächsten zehn bis 20 Jahren werden uns die Robotertechnik und die künstliche Intelligenz massiv Arbeit abnehmen. Das heißt, es wird mehr über Systeme und weniger über Hände laufen. Dafür brauchen wir Menschen Know-how bezüglich Empathie, Kommunikation, Teamfähigkeit, Socialskills und Kreativität, denn Maschinen werden das nicht erfüllen können. „Entwickelt sich unsere Welt in die Richtung, dass transaktionale und repetitiv geprägte Jobtätigkeiten wegfallen, kommt das Zeitalter der Geisteswissenschaftler und Kreativen zurück. Deshalb sollten wir für Fächer wie Philosophie, Kunst und Musik als integrale Bestandteile sensibilisieren. Dann wären wir bezüglich kreativer Arbeiten zukünftig ganz anders aufgestellt – was unser Potenzial im Zusammenwirken mit Computern entfalten würde."

Eine weitere Hürde stellen die großen Player aus den USA dar, die über Marketingmaßnahmen wie die Direktansprache groß geworden sind. Denn aufgrund der Datenschutz-Grundverordnung (DSGVO) haben deutsche Unternehmen und vor allem Start-ups jetzt das Nachsehen. Die Kontaktaufnahme zu potenziellen Kunden kann erst erfolgen, wenn diese die Erlaubnis erteilt haben. Warum aber sollte ein potenzieller Kunde das erlauben, wenn er den Absender noch nicht kennt? Und auch wenn die DSGVO wichtige Aspekte beachtet. Im Sinne der Validierungs- und Wachstumscases stellt sie einen essenziellen Nachteil dar. „Eine große Herausforderung, für die es pragmatischere Lösungen braucht. Denn in der Tat haben wir im B2B-Bereich sehr große Potenziale und sollten deshalb alles daransetzen, dass wir hier zum Erfolg kommen."

Eine wesentliche Säule, die Fabian Kienbaum in den letzten fünf Jahren bei Kienbaum aufgebaut hat, ist das Beteiligungsmanagement. So tätigt Kienbaum beispielsweise Beteiligungen in HR-Tech-Start-ups, um den Technologie- und Innovationstransfer sicherzustellen. Dazu gehört auch, deutlich stärker im Co-Creation-Modus gemeinsam mit Start-ups Lösungen zu entwickeln und Antworten auf wichtige Fragen zu finden: Welche Kompetenzen hat Kienbaum? Welche Kompetenzen haben Start-ups, die Kienbaum weiterbringen? Dafür hat die Organisation sowohl online als auch offline eine Plattform etabliert, die auch Kunden bei ihrer Entscheidungsfindung unterstützt. Ein weiteres wichtiges

Vorgehen für die Sicherstellung der Zukunft ist, dass Kienbaum in Unternehmen investiert, die zukünftig ihr Geschäftsmodell angreifen könnten. „Wir investieren in Start-ups, die für uns zwischen Bereicherung und Kannibalisierung stehen – was sich als positiv herausgestellt hat. Es erhöht so nämlich den Druck nach innen und verlangt nach einer Antwort auf die Frage: Was ist eigentlich der Mehrwert unserer Dienstleistung? Diese Frage müssen wir anders beantworten, wenn wir direkt an Start-ups beteiligt sind, die unser Geschäftsmodell sehr stark kannibalisieren oder stören. Dafür haben wir eine Innovationseinheit gegründet, deren Aufgabe es ist, herauszufinden, was Kienbaum angreifbar macht."

„Ein großes Thema ist die Sprachanalyse, mit der Persönlichkeitsanalysen zu erstellen sind"

Disruption bedeutet, eine neue Idee ändert auf einen Schlag alles. Für den Mittelstand mit seinen gewachsenen Strukturen und etablierten Geschäftsmodellen wirkt das zunächst wie eine Bedrohung. Allerdings kann es auch neue Wege eröffnen – vorausgesetzt man weiß diesen Vorteil für sich zu nutzen. „Für Kienbaum stellt sich in diesem Zusammenhang die Frage, wie Rekrutierungsprozesse zu automatisieren sind – was die Branche allerdings seit etlichen Jahren beschäftigt. Ein Megatrend sind zum Beispiel Voice Assistenten wie Siri, Alexa & Co., die einen enormen Reifegrad haben. Ein weiteres großes Thema ist die Sprachanalyse, mit der Persönlichkeitsanalysen zu erstellen sind. Und auch wenn viele mit diesen Technologien noch fremdeln, hier passiert gerade sehr viel."

Zum Umgang mit diesen Technologien gehört auch der Mut zum Scheitern. Damit angemessen umzugehen, ist Teil einer unternehmerischen Kultur, um die es in Deutschland nicht besonders gut steht. Fabian Kienbaum beispielsweise empfindet es immer als ein Scheitern, wenn er Menschen, die für Kienbaum wichtig sind, nicht in der Organisation halten kann. „Häufig herrscht das Selbstverständnis, dass die, die an der Spitze sind, keine Fehler machen dürfen, oder es nie zugeben würden. Denen fehlt die nötige Selbstreflexion und auch Selbstironie, darüber zu lachen oder selbstbewusst zu sagen, ‚hier sind wir gescheitert'. Wenn uns das gelingt, sind wir auf einem guten Weg."

„Es birgt unheimlich viel Kraft, die Frage nach dem Warum zu beantworten"

Setzen Unternehmen sich mit New Work und Digitalisierung auseinander, ist das Herstellen der Operationalisierung wichtig. Weil Veränderungen aber häufig abstrakt sind, sollte man immer mit „Start with why" beginnen. „Es birgt unheimlich viel Kraft, die Frage nach dem Warum zu beantworten. Der Startpunkt dabei ist die Frage: Was ist der Zweck einer Organisation? Damit geht es gleich ans Eingemachte, denn keine Veränderung ohne Opfertum. Wenn die Welt sich verändern soll, muss man Opfer bringen. Man muss sich ehrlich die Frage stellen: Was bin ich persönlich bereit, tatsächlich zu opfern? Was liegt mir mehr am Herzen, mein individueller Bonus oder die Überlebensfähigkeit meines Unternehmens? So ist es doch auch in der Politik. Halte ich die föderale Fahne hoch, weil es mit Posten verbunden ist oder bringe ich Opfer? Ein gutes Beispiel ist in diesem

Zusammenhang die Agenda 2010: Es war sehr weitsichtig und tat sicher vielen in der SPD und bei den Grünen weh. Die Entscheidung aber fiel zum Wohle des Landes aus – und wir profitieren noch heute davon. Bezüglich Deutschland und Europa wünsche ich mir eine Antwort auf die Frage: Welche Rolle will Deutschland in der Welt spielen? Wollen wir Ökologie- oder Bildungsweltmeister werden. Ich habe Lust, eine Anspruchshaltung zu formulieren und dahinter Frauen und Männer zu formieren. Dazu rufe ich alle auf."

Mehr über Fabian Kienbaum sowie Links zu den verschiedenen ChangeRider-Formaten gibt es hier: http://people.changerider.com/fkienbaum

MARCEL OTTO YON „DIGITAL INNOVATION UNITS IN VERWALTUNGEN WERDEN EXORBITANT STEIGEN“

Marcel Otto Yon, Leiter des Cyber Innovation Hub (CIH) der Bundeswehr, treibt mit der Digitaleinheit innerhalb der Streitkräfte digitale Innovationen voran. Vor seinem Wechsel in das Bundesministerium der Verteidigung 2016 war er 16 Jahre lang Start-up-Unternehmer: Er baute drei B2B und B2G Hightech-Unternehmen vom University Spin-off bis zum weltweiten Marktführer im Bereich künstliche Intelligenz und Computer Vision für Verteidigung, Heimatschutz und Gesundheitswesen auf. Er ist der Gründer der Entrepreneurs Organization (EO) in Deutschland, Mit-Gründer von EO Europa und ehemaliges Mitglied des internationalen Vorstands. Außerdem ist er Mit-Gründer und Mitglied des Beirats des Bundesverband Deutsche Startups.

Der Cyber Innovation Hub versteht sich als Schnittstelle zwischen Start-up-Szene und Bundeswehr; und hat dabei drei Missionen: Erstens, er trägt dazu bei, dass die Bundeswehr verstärkt innovative Produkte direkt bei Start-ups einkauft. Was simpel klingt, stellt für die traditionelle Bundeswehr mit ihrem etablierten Lieferanten- und Dienstleisterportfolio allerdings eine große Herausforderung dar. Dennoch müssen sich die Streitkräfte der Start-up-Welt öffnen, denn immer mehr echte disruptive Hightech-Innovationen wie beispielsweise KI finden dort statt. „Traditionell ist das Militär und die Luftfahrt Treiber von Innovationen. Wir stellen aber verstärkt fest, dass immer mehr gigantische Innovationen aus der Start-up-Welt kommen. Dazu brauchen wir den Zugang – auch weil es absehbar ist, dass das immer weiter zunehmen wird." Eine große Hürde auf diesem Weg ist das Vergaberecht. Kauft die Bundeswehr Produkte und Dienstleistungen ein, unterliegt sie bestimmten gesetzlichen Auflagen, die für Wettbewerb und Transparenz sorgen sowie Vetternwirtschaft vermeiden sollen. „Dabei ist die größte Herausforderung gar nicht mal das Vergaberecht. Das EU-Vergaberecht ist sogar ganz in Ordnung. Herausfordernd sind vielmehr die von der Verwaltung aufgestellten Richtlinien, wie das Vergaberecht in der Praxis angewandt werden soll. Wir kommen aus einer Welt, die sehr planbar ist: Man überlegt, was man braucht und schaut dann, was es gibt. Anschließend schreibt man eine Leistungsbeschreibung und kauft es ein. Nun ändert sich aber der gesamte Innovationszyklus. Heutzutage entsteht die Rakete im Fliegen, und das stellt uns vor prozessuale und vergaberechtliche Herausforderungen." Für die Streitkräfte bedeutet diese Entwicklung nicht nur verstärkt, sondern vor allem auch schneller und unkomplizierter mit Start-ups zusammenzuarbeiten.

„Unsere zweite Mission: schnell eigene Innovationen entwickeln. Der Hub ist in der Bundeswehr der Ort, der wie ein Start-up funktioniert. Das heißt, wir müssen Lean-Startup als Methode anwenden. Es gibt ja einen Grund, warum Start-ups immer häufiger rechts an großen Konzernen vorbeiziehen. Diesen Grund versuchen wir zu verstehen, zu meistern und ihn als Fähigkeit in das Portfolio der Streitkräfte einzubringen – damit auch wir diese agilen Vorteile für uns nutzen können. Und unsere dritte Mission: Talente aus dem Start-up-Ökosystem für den Hub zu gewinnen.“ In der Start-up-Welt ist das Team wichtiger als der Businessplan. Daher will die Bundeswehr genau diese Innovationstreiber von sich als Arbeitgeber überzeugen. „Mein Team besteht zur einen Hälfte aus Soldaten, zur anderen aus Serienunternehmern, Ex-Chief-Digital-Officern und ähnlichen Talenten aus dem digitalen Ökosystem.“ Wer nicht gedient hat, muss vor dem Hub allerdings zunächst eine einmonatige sogenannte allgemeine soldatische Grundausbildung absolvieren.

Generell ist die Bundeswehr ein etwas anderer Arbeitgeber. Es herrschen sehr klare Strukturen, in die man sich einfügen muss, sowie Werte wie Kameradschaft, Loyalität, Tapferkeit und Glaubwürdigkeit. Weil die Arbeitsstrukturen der Bundeswehr aber sehr wenig mit denen im Cyber Innovation Hub zu vergleichen sind, entstanden Konflikte. So wurden Yon und seinen Mitarbeitern verschiedene Straftaten, die anonym zur Anzeige kamen, vorgeworfen. Und auch wenn die Vorwürfe haltlos waren, wurden alle Anzeigen sehr akribisch durch das System überprüft. „So etwas kostet wahrlich Kraft. Allerdings muss man es am Ende auch differenzieren. Ich bin überzeugt, das maximal zwei bis drei Personen in der gesamten Bundeswehr zu solchen Mitteln greifen. Und weil die Streitkräfte den hohen Anspruch haben, jeden Compliance-Fall aufzuklären (davon können sich einige Konzerne übrigens eine Scheibe abschneiden), führt das immer gleich zu einem sehr großen Aufheben. Hier braucht es mehr Balance. Zwar muss man Anzeigen nachgehen, allerdings sollten sie nicht alles lahmlegen und viel Kraft kosten."

„Wir sollten lernen, dass es konstruktive Konflikte gibt, und es daher gut ist, sich zu reiben"

Yon wäre nicht Yon, wenn er nicht selbst Öffentlichkeit geschaffen hätte. So hat er die Mobbing-Fälle auf LinkedIn geteilt – mit großer positiver Resonanz. „Reden wir über Digitalisierung in Deutschland, müssen wir auch darüber reden, dass es so etwas gibt. Wir sollten aber nicht vergessen, dass das Einzelfälle sind. Und uns deshalb auch nicht von solchen Negativelementen kirre machen lassen. Denn die Mehrheit in der Bundeswehr arbeitet gern mit uns zusammen und unterstützt uns." Und auch wenn man die Beharrungskräfte nicht unterschätzen sollte, sie haben auch eine sinnvolle Funktion. Wie sagte schon Clayton Christensen: Das ist ein ganz normaler und richtiger Interessenskonflikt. Die einen müssen die Organisation schützen, die anderen müssen sie infrage stellen. „Wir sollten lernen, dass es konstruktive Konflikte gibt, und es daher gut ist, sich zu reiben. Dabei müssen wir ‚nur' aufpassen, das Konflikte nicht persönlich werden und wir ordentlich kommunizieren. Denn am Ende ist es doch ein Wettbewerb von Ideen."

Im Gegensatz zu Konzernen gelten Start-ups als Vorreiter neuer Arbeitsweisen und -strukturen. Sie werben mit einer Arbeitskultur, die flexibel, effektiv und innovativ ist. Im Gegensatz dazu steht auch die Bundeswehr mit ihren traditionellen Strukturen. „Ich möchte nicht prahlen, aber es war noch nie leichter für mich, Leute zu rekrutieren. Was an der attraktiven Marke Bundeswehr liegt. Ich stehe vielmehr vor der Herausforderung, Leute schnell ins System zu integrieren." Innovatoren wie Serienunternehmer, die einen Exit hatten, interessieren sich zum einen für den Hub, weil die Bundeswehr unglaubliche technologische Herausforderungen zu meistern hat. Zum anderen, weil dass nicht nur ein Thema der Bundeswehr ist, sondern den Verwaltungshandel generell betrifft. „Die Leute verbinden mit den Streitkräften etwas sehr Positives – unterstützt durch die Claims ‚Wir dicnen Deutschland' und ‚Kameradschaft'." Geht Yon mit seinem Team auf Start-up-Veranstaltungen, treten sie auch immer in Uniform auf – was bisher positiv aufgenommen wurde. Nur ein einziges Mal hat Yon erlebt, dass der Absender Bundeswehr negative Auswirkungen hatte. Nämlich als er in einem Hotel keine Zimmer reservieren konnte. „Wie heißt es aber in einer unserer Kampagnen? ‚Wir kämpfen auch dafür, dass du gegen uns sein kannst'."

Ein wichtiges Innovationsthema für die Bundeswehr ist unter anderem die mobile taktische Kommunikation. „Soldaten, die im Einsatz sind, im sogenannten ‚Theatre of Operation', müssen miteinander kommunizieren können. Das erfolgt heutzutage häufig noch oldschool über Funkgeräte. Spezialkräfte setzen zwar auch andere Produkte ein. Zur Grundausstattung aber gehören noch die großen und schweren Geräte mit begrenzter Batterielaufzeit und ohne Verschlüsselung. Ferner steht jeder Einheit nur eine begrenzte Stückzahl zur Verfügung. Das heißt, nicht jeder Soldaten verfügt im Einsatz auch über ein Gerät." Daher machte sich der Hub zur Aufgabe, den Soldaten eine praktikablere Lösung zu bieten – und fand ein passendes Produkt in den USA. „Dort bricht auf Veranstaltungen wie Musikfestivals aufgrund der vielen Tausend Teilnehmer regelmäßig das Mobilfunknetz zusammen. Deshalb kam jemand auf die Idee, eine Funkantenne zu entwickeln, die mit dem Handy gekoppelt wird. So kann man miteinander kommunizieren, ohne über das Mobilfunknetz gehen zu müssen. Daraus und aus vielen anderen verschiedenen Softwareprodukten wie Battle Management Systemen, entwickelten wir eine digitalisierte mobile Kommunikation: Statt mit Funkgeräten sind unsere Soldaten jetzt mit Smartphones ausgestattet, die verschlüsselt und digital funktionieren, 80 Gramm leicht sind, eine enorme Batterielaufzeit haben und über ein digitales Lagebild verfügen. Das zeigt einerseits an, wo sich andere Kameraden befinden, andererseits können wir problemlos weitere Sensoren implementieren.“ Und alles für einen Preis, der deutlich unter dem liegt, für den man typischerweise militärisches Gerät kauft. „Das ist zwar bezüglich der Qualität eine andere Liga. Die Frage ist aber, braucht man für jeden Zweck immer die 100-Prozent-Lösung. Oder reicht gelegentlich auch mal eine 95-Prozent-Lösung, die dafür aber leichter, flexibler und kostengünstiger ist.“

Was bei den Streitkräften richtig gut funktioniert, ist der „kleine Dienstweg“: Benötigt man Hilfe, kontaktiert man einfach jemanden aus dem Netzwerk innerhalb des Systems. „Während der ‚normale Dienstweg‘ manchmal einen Tag länger brauchen kann und komplexer ist, weil er eher in traditionellen Strukturen denkt, funktioniert der kleine Dienstweg unglaublich gut. Daher haben wir uns überlegt, wie wir den kleinen Dienstweg skalieren können, denn ein

Netzwerk ist ja immer auf ein paar Hundert Menschen begrenzt. Herausgekommen ist eine Online-Community, mit der wir Innovationstreiber innerhalb der Bundeswehr miteinander vernetzen. So profitiert jeder von den Erfahrungen und Netzwerken des anderen. Es ist nichts Magisches, hat aber eine unglaubliche Auswirkung. Jedes Unternehmen würde sich diesen ‚kleinen Dienstweg‘ im eigenen Haus wünschen!“

“Das hat uns sehr getrieben, denn wir wussten ja aus der Wirtschaft, dass das herausfordernd ist“

Die größte Lernerfahrung der letzten eineinhalb Jahre ist, dass die Prinzipien der Wirtschaft auch auf die der Bundeswehr anwendbar sind. „Was wir nicht wissen konnten, denn wir sind ja die Ersten in Deutschland, die eine Digital Innovation Unit in eine Verwaltung implementiert haben. Unterm Strich können wir sagen, dass wir wie die Wirtschaft die gleichen Chancen haben und positiven Erfahrungen machen, aber auch mit den gleichen Herausforderungen konfrontiert sind.“ Daher waren Yon und sein Team auch von Anfang an sehr darauf bedacht, die spätere Übergabe von Innovationen ans Kernsystem im Blick zu haben. „Das hat uns sehr getrieben, denn wir wussten ja aus der Wirtschaft, dass das herausfordernd ist. Allerdings haben wir uns zu sehr darauf fokussiert. Wir haben die Synergieeffekte mit dem System überbewertet und die erforderlichen Freiheitsgrade unterbewertet. Wir haben ein paar Abhängigkeiten zu viel geschaffen, die uns sehr ausgebremst haben. Wir wissen jetzt, dass wir für das Managen der Schnittstellen zum System der Bundeswehr 80 Prozent unserer Ressourcen einsetzen – was eindeutig zu viel ist! Eine unserer Kernfragen für die Zukunft lautet daher, wie wir das reduzieren können, um die benötigten Freiheitsgrade einzuräumen, dabei aber nicht die Bodenhaftung verlieren."

„Wir kämpfen mit dem Vorurteil, dass wir nicht wissen können, was die Bundeswehr überhaupt braucht"

Setzen Organisationen auf geschützte Räume wie Innovation Units oder Hubs, wollen sie weg von der Ingenieursdenke, dem Perfektionismus und der Kontrolle hin zur Scheiterkultur, Schnelligkeit und Nutzerzentrierung. Funktionieren Innovationen im Kleinen mit einer Handvoll Kunden, müssen sie anschließend den Weg in die Kernorganisation finden. Das funktioniert aber nur, wenn die Unternehmensspitze den Prozess vorantreibt. Denn Bewahrerkräfte im Unternehmen, die beschützen und bewahren wollen, können hier zur großen Herausforderung werden. „Es wird auch bei uns kein leichtes Unterfangen sein, Konzepte wie User Experience oder Minimum Viable Product in die Bundeswehr zu bringen. Minimum Viable Product beispielsweise heißt bei der Bundeswehr: Wenn du irgendetwas beginnst, brauchst du etliche Freigaben und Zulassungen. Der Hub agiert erst seit 2017. Daher sind wir heute noch eine Stufe vor dem Transfer. Wir klären erst noch auf, dass unsere Freiräume nicht dazu da sind, uns von der Truppe zu lösen. Und kämpfen mit dem Vorurteil, dass wir nicht wissen können, was die Bundeswehr überhaupt braucht – schließlich gibt es dafür den fest etablierten Bedarffeststellungsprozess, der durch verschiedene Instanzen geht. Der ist auch durchdacht, hat sich über Jahre hinweg bewährt und hat dementsprechend seine Berechtigung. Gelegentlich aber dauert er zu lange." Und obwohl der Hub außerhalb dieser Prozesse operiert, arbeitet das Team immer mit den Soldaten zusammen. „Wir sind jetzt an einem Punkt, wo wir zwei, drei Projekte in die Bundeswehr überführen. Ob und wie der Prozess funktionieren wird, kann ich in einem Jahr sagen."

„Eine logische Konsequenz für uns war damals, ins Ausland zu gehen und ein amerikanisches Unternehmen zu werden"

Vor seiner Zeit bei der Bundeswehr war Yon 16 Jahre lang Start-up-Unternehmer mit dem Schwerpunkt „Künstliche Intelligenz für Verteidigung, Heimatschutz und Gesundheitswesen". Er baute mehrere Business-to-Business- sowie Business-to-Government-Unternehmen zum weltweiten Marktführer auf. Eine große Herausforderung war seinerzeit das B2G-Geschäft. „Obwohl wir die besten Produkte hatten und jeder staatliche Kunde sagte, dass sie das unbedingt brauchten, haben wir nichts verkauft. Eine logische Konsequenz für uns war damals, ins Ausland zu gehen und ein amerikanisches Unternehmen zu werden." Eine Erfahrung, die Yon sehr geprägt hat. Es ärgert ihn, dass Deutschland ein absoluter Innovationstreiber ist, wenn es um Erfindungen und Technologie geht, der B2B Sales Cycle aber zwei bis drei Jahre dauert – und bei B2G gar zehn Jahre. „Bei einer Quote von 50 Prozent bei staatlichen Aufträgen kein unerheblicher Umstand. In den USA hingegen läuft es anders. Was nicht daran liegt, dass es dort weniger Bürokratie gibt. Die gibt es dort auch, aber in einer abgeschwächteren Form." Das ist die Motivation, die Yon antreibt, den Hub aufzubauen. Sein Ziel:

den B2G Sales Cycle zur Bundeswehr auf drei Monate zu reduzieren.

„Wir müssen Diversity in Deutschland auf die nächste Ebene bringen“

Ein wichtiges Ziel, wie der Blick auf andere Länder zeigt: Das amerikanische Militär hat nicht nur ein Jahr früher (also 2015) eine Digital Innovation Unit implementiert, inzwischen gibt es dort fünf solcher Units. Und auch die Engländer und Franzosen gehen diesen Weg. In den USA und England haben das bereits sogar die zivilen Verwaltungen. „Meine Prognose ist, dass Digital Innovation Units in Verwaltungen exorbitant steigen werden. Am Ende ist es der einzige Weg, wie man Veränderungen in eine so große Organisation implementieren kann – vergleichbar mit einem Gewächshaus, in dem kleine Pflanzen geschützt wachsen und gedeihen können.“

Auf diesem Weg ist Diversity als Erfolgsfaktor unerlässlich. Daher sollte die Bundeswehr als Spiegelbild von Staat und Gesellschaft Aspekte wie Alter, Geschlecht, sexuelle Orientierung und ethnische Zugehörigkeit abbilden. „Wir haben die dreifache Herausforderung: Bundeswehr, Unternehmen und IT. Alles Bereiche, in denen Frauen noch immer unterrepräsentiert sind. Im Hub aber sind wir auf einem guten Weg. Wir haben im Team eine Frauenquote von 39 Prozent und im Führungsteam gar von 43 Prozent – in Uniform und Zivil. Leider haben wir eine Gesellschaft, die in den Karrieresäulen sehr monolithisch aufgebaut ist. Hier würde ich mir mehr Durchlässigkeit wünschen. Wir müssen Diversity in Deutschland auf die nächste Ebene bringen.“

Mehr über Marcel Otto Yon sowie Links zu den verschiedenen ChangeRider-Formaten gibt es hier:
http://people.changerider.com/myon

JENS NEUMANN
„ES IST ERSCHRECKEND, WIE DIE ENTWICKLUNG BEI KINDERN IMMER WEITER ZURÜCKGEHT“

Jens Neumann ist seit 15 Jahren Grundschullehrer und seit acht Jahren Rektor an zwei Grundschulstandorten in Nordrhein-Westfalen. Seit Jahren bemerkt der Pädagoge, der sich selbst als Medien-Fan bezeichnet, eine große Veränderung bei Grundschulkindern. So verfügen sie bei ihrer Einschulung häufig nicht mal mehr über Grundkompetenzen wie Motorik, Konzentration und Kondition – was die Arbeit mit ihnen enorm schwierig macht.

„Früher konnten sich Kinder viel länger konzentrieren und waren bei ihrer Einschulung fähig, einen Purzelbaum zu schlagen. Heute müssen wir viel mehr Bewegungspausen einplanen als früher. Zudem fällt auf, dass Kinder mittlerweile sehr ungeduldig sind und sich schnell langweilen. Sie können sich nicht mal mehr zwei Minuten allein beschäftigen, wenn sie mit einer Aufgabe fertig sind.“ Neben der Grobmotorik hapert es aber auch an der Feinmotorik. Kommen Kinder in die erste Klasse, scheitert es bereits an der Stifthaltung – vom Schreiben des eigenen Namens einmal ganz abgesehen.

„Natürlich sollte man nicht pauschalisieren. Es gibt Eltern, die ihren Nachwuchs ‚gut vorbereitet' in die erste Klasse schicken. Der prozentuale Anteil der Kinder, die kaum noch über die Grundkompetenzen verfügen, nimmt allerdings zu. Es ist wirklich erschreckend, wie die Entwicklung bei Kindern immer weiter zurückgeht."

„An unseren beiden Standorten können die Schüler unser Angebot der Offenen Ganztagsschule (OGS) nutzen"

Die Gründe dafür sind vielfältig. Jens Neumann sieht allerdings einen Aspekt als Hauptverursacher für die rückläufige Entwicklung von Kindern: die fehlende Zeit von berufstätigen Eltern. „An unseren beiden Standorten können die Schüler unser Angebot der Offenen Ganztagsschule (OGS) nutzen. Das heißt, sie können bei uns täglich bis 16.30 Uhr in der Schule bleiben. Über ein Drittel nimmt dieses Angebot in Anspruch, ein weiteres Drittel bleibt bis mittags in der Betreuung. Natürlich kann man Eltern hier keinen Vorwurf machen, denn bei vielen ist es eine finanzielle Notwendigkeit, dass beide Vollzeit arbeiten." Daher wird für ihn die Digitalisierung vor allem auch bei der Freizeitbeschäftigung deutlich. „Wenn ich am Montagmorgen in der Klasse frage, wer was am Wochenende unternommen hat. Dabei aber einschränke, dass sie nicht erzählen dürfen, was sie im Fernsehen gesehen, am Computer, Handy oder an Konsolen gemacht haben, kann die Hälfte der Schüler nichts erzählen. Erschreckend, denn wir sprechen hier von Kindern zwischen sechs und zehn Jahren, die bei herrlichstem Sommerwetter drinnen hocken. Das hat mittlerweile Ausmaße angenommen, die nicht mehr gesund sind."

Natürlich sind Eltern, die den ganzen Tag gearbeitet haben, abends müde und finden die Zeit mit ihren Kindern anstrengend. Daher ist es auch nicht verwunderlich, wenn Kinder nach der Offenen Ganztagsschule zu Hause noch mal ans Tablet, Smartphone oder die Konsole dürfen. Sinnvoll aber ist es nicht. „Meine Kinder dürfen selbstverständlich ebenfalls solche Geräte nutzen. Allerdings achten wir hier streng auf eine Zeitbeschränkung, die wir per App steuern. Das heißt, nach der von uns definierten Zeit wird der Bildschirm blau. Man kann sogar noch einstellen, ob es zusätzliche Zeiten für das Ausräumen der Spülmaschine etc. gibt. Und ja, es ist eine Kontrollinstanz. In dem Alter aber ist es wichtig, die Medienzeit zu beschränken, da Kinder es noch nicht steuern können."

"Viele Kinder langweilen sich einfach zu schnell"

Dass Eltern mit Vollzeitjob in der Woche weniger Zeit für ihre Kinder bleibt, ist verständlich. Dass sie aber auch am Wochenende wenig mit ihrem Nachwuchs machen, ist unverständlich. „Ich glaube, dass die digitalen Möglichkeiten falsch genutzt werden und es hier eine pure Gemütlichkeit ist. Wir haben letztes Jahr Urlaub auf Rhodos gemacht. Als ich morgens im Hotel zum Frühstück ging, sah ich viele Kinder vor Tablets sitzen. Zum einen, damit das Kind vernünftig oder überhaupt isst. Zum anderen, damit die Eltern in Ruhe frühstücken können, wenn das Kind fertig ist. Und da sind wir wieder beim Anfang des Gesprächs, viele Kinder langweilen sich einfach zu schnell." Sich mit Kindern zu beschäftigen, kostet nicht nur Zeit, sondern auch Energie. Geräte wie Smartphones, Tablets oder Konsolen dienen daher immer mehr dem Komfort – und Eltern bleibt so mehr Zeit für sich. „Auch abends sah das Bild nicht anders aus. Viele Eltern und Kinder saßen nach dem Abendessen zwar noch zusammen, jeder aber mit einem Gerät vor der Nase. Jeder war für sich beschäftigt. Eine erschreckende Entwicklung."

„Noch sind Lehrkräfte nicht dahingehend ausgebildet, den Unterricht mit modernen Medien zu gestalten"

Nicht verwunderlich, dass der Ruf nach einer Medienkompetenzförderung eine der häufigsten Forderungen an den Schulen ist, wenn digitale Medien bereits die Freizeit von Kindern ab dem sechsten Lebensjahr beherrschen. Weil funktionierende Konzepte allerdings noch Mangelware sind, hat sich die Kultusministerkonferenz auf ein gemeinsames Vorgehen geeinigt. „Wir als Schule sind aufgefordert, ab dem Halbjahr 2018/19 auf Basis des Medienpasses NRW ein Medienkonzept zu entwickeln: Welche Kompetenzen sollen Kinder in puncto Medien und Digitalisierung erreichen? Unsere Aufgabe als Schule ist also, konkret zu sagen, wie wir das umsetzen. Und welche Kompetenzen wir in welchem Schuljahr über Unterrichtsvorhaben vermitteln möchten. Unterstützung erhalten wir hier von unserem Schulträger. Dabei sind wir aktuell gar nicht schlecht ausgestattet. Wir haben ein Schul- und Verwaltungsnetz auf unserem Server, einen Computerraum und in jedem Klassenzimmer zwei Laptops, die über eine Internetverbindung verfügen, damit unsere Schüler auf Lernsoftware und persönlichen Account zugreifen können." Um neben Internet und Lernsoftware auch Textarbeiten erledigen zu können, hat jedes Grundschulkind einen eigenen Account mit einer Windows-Oberfläche. „Die

Software ist bereits für Erstklässler geeignet, daher fangen wir damit schon im ersten Schuljahr an."

„Viele Kollegen haben Berührungsängste und die Sorge, eher einen Schaden anzurichten als zu helfen"

Neben Hard- und Software braucht es allerdings auch Lehrer, die befähigt sind und sich dazu berufen fühlen, den Unterricht mit modernen Medien zu gestalten. Denn noch sind Lehrkräfte nicht dahingehend ausgebildet, den Kindern das zu vermitteln. „Ich habe Schulen gesehen, die haben Regale vor ihre Beamer-Leinwände gestellt, weil die nicht im Einsatz waren. Auch haben viele Kollegen Berührungsängste und die Sorge, eher einen Schaden anzurichten als zu helfen. Deshalb müssen nicht nur finanzielle Voraussetzungen geschaffen, sondern auch die Lehrkräfte entsprechend ausgebildet werden. Das ist meiner Meinung nach der wichtigste Baustein, der bei dem Vorhaben der Kultusminister berücksichtigt werden muss, aber noch fehlt." Die Frage ist also nicht, was die Digitalisierung alles für uns machen kann, sondern wie wir sie pädagogisch einsetzen können und sollten – vor allem in Grundschulen. Durch den Beschluss der Kultusminister haben Lehrkräfte jetzt die Verpflichtung, sich dem zu stellen und Antworten auf die Fragen zu finden: Wie gehe ich mit diesen Medien verantwortungsvoll um? Welche Gefahren drohen? Wie sieht eine sinnvolle Nutzung aus?

„Ich sehe unseren Auftrag vor allem darin, unseren Schülern nicht nur zu vermitteln, dass sie ihre Vorträge und Aufgaben auf Tonpapier präsentieren können, sondern auch Möglichkeiten wie PowerPoint nutzen sollten. Dabei stellt sich mir die Frage nicht, ob das bereits im Grundschulalter erfolgen sollte. Wir leben in diesem Zeitalter. Die Gesellschaft hat sich gewandelt, alles entwickelt sich immer schneller. Davor die Augen zu verschließen, ist keine Alternative. Und ob wir wollen oder nicht, die Kultusministerkonferenz hat uns diesen Auftrag geben."

„Würde ich auf einem weißen Papier starten, würde ich von den Fächern abrücken"

Entwickelt ein Start-up eine Idee, fängt es bei null an. Es muss nichts bewahren oder beschützen, muss keine Rücksicht nehmen. Vielleicht ist es an der Zeit, das Schulsystem nach diesen Kriterien neu aufzubauen. „Würde ich auf einem weißen Papier starten, würde ich zunächst von den Fächern abrücken. Ich würde weder Fächer benennen, noch sie in einem Stundenplan organisieren. Stattdessen würde ich das Lernen über Projektarbeiten steuern: Die Schüler erhalten ein Thema und erarbeiten gemeinsam eine Lösung." Weil Schüler sich durch das kooperative Lernen am besten entwickeln können, versucht Neumann bereits in Ansätzen, diesen Weg zu gehen. „Unsere Schüler arbeiten teilweise in 4er-Teams. Sie sind aufgefordert, dabei auch auf das schwächste Mitglied der Gruppe Rücksicht zu nehmen. Denn unser Auftrag muss sein, jeden mitzunehmen. Allerdings ist das noch wenig bekannt und dementsprechend nicht in den Köpfen."

Dafür braucht es Kompetenzen wie Teaming, Kommunikation und Empathie, was bei jungen Schülern noch gut ausgebildet ist, da es in Grundschulen noch sehr um das Miteinander geht. „Wir praktizieren das jahrgangsübergreifende Lernen: Die jungen Schüler kommen zu den Älteren in die Klasse. Um eine Verbindung zu schaffen, hat jeder einen Paten – mit dem Ziel, sich gegenseitig etwas beizubringen. Leider wird dieses selbstständige und kooperative Arbeiten auf weiterführenden Schulen nicht praktiziert, sodass hier im Laufe der Schulzeit ein Defizit entsteht.“ Was hospitierende Pädagogen von weiterführenden Schulen Neumann bestätigen. Sie bemängeln, dass die an Grundschulen gelehrten Fähigkeiten wie Selbstständigkeit und Kommunikation an weiterführenden Schulen durch den Frontalunterricht wieder „abtrainiert“ werden. „Das Durchhecheln von Lehrstoff ist auch G8 geschuldet, wo vor allem das Motto ‚Friss oder stirb‘ gilt. Im System Gesamtschule beispielsweise findet keine Trennung in Schulformen unterschiedlichen Leistungsniveaus statt. Hier haben Schüler die Chance, sich zu entwickeln.“

„Die Belastung der Lehrer steigt, die Motivation für freiwillige Angebote ist daher dürftig“

Lehrer brauchen verstärkt Know-how bezüglich Konfliktmanagement, Motivation, Change. Und nicht nur, weil die Gewalt gegen Lehrer – auch bereits in der Grundschule – zugenommen hat. Motivation der Lehrer sollte vielmehr sein, die gestiegenen Anforderungen erfüllen zu können. „Die Belastung der Lehrer steigt, die Motivation für freiwillige Angebote ist daher dürftig. Finden Fortbildungen auf freiwilliger Basis statt, muss man aufpassen, dass die Nachfrage danach nicht einschläft. Daher ist es sinnvoll, wenn gewisse Fortbildungen zur verpflichtenden Weiterbildung werden.“ Nicht alles kann und sollte aber auf Schüler und Lehrer abgewälzt werden. Auch Eltern sind aufgefordert, zu motivieren und zu unterstützen. „Mein Appell an Eltern: Schafft euren Kindern einen Ausgleich zur Schule. Der sollte aber auf keinen Fall in Form von Zeit vor Geräten erfolgen, sondern an der frischen Luft und mit Freunden stattfinden. Und mein Appell an die Politik: Die Digitalisierung ist wichtig und die Investitionen der nächsten Jahre notwendig. Viel wichtiger wäre meiner Meinung nach aber, finanzielle Mittel zweckgebunden zur Verfügung zu stellen.“

Mehr über Jens Neumann sowie Links zu den verschiedenen ChangeRider-Formaten gibt es hier:
http://people.changerider.com/jneumann

RYAN HOOD
„VIEL WICHTIGER ALS DIE IDEE SELBST SIND FÜR MICH IMMER DIE GRÜNDER“

Mit neun Jahren bekommt Ryan Hood seinen ersten Computer und beginnt zu programmieren. 1990, als 13-Jähriger, entdeckt er mit einem 1200-Baud-Modem das Internet – zumindest das, was es damals war. 1997, zur Geburtsstunde der New Economy, lernt er bei einer USA-Reise den Online-Marktplatz eBay kennen. Etwas, was zu dieser Zeit in Deutschland noch völlig unbekannt ist – und ist fasziniert. Zurück in Deutschland möchte er das gern für den deutschen Markt entwickeln, hat aber weder Expertise noch Geld. Zwei Jahre später ist es dann endlich so weit: Hood gründet 1999 mit viel Motivation und einem ersparten Startkapitel von umgerechnet 5.000 Euro den Onlinemarktplatz Hood.de, den die Nutzer seit dem Livegang im Jahr 2000 bis 2008 komplett gebührenfrei nutzen konnten. Nach eigenen Angaben bietet der Marktplatz über fünf Millionen Angebote täglich bei etwa neun Millionen Kunden. 2017 erwirbt die Karstadt-Mutter Signa 70 Prozent von Hood.de, Ryan Hood hält 30 Prozent und ist nach wie vor an Bord.

Hoods Start ins Onlinebusiness ist holprig: Für seinen Onlinemarktplatz kauft er 1999 in den USA eine Software, von der er denkt, dass die das kann – und bezahlt erstes Lehrgeld. Weil sie nicht kann, was er will, lässt er kurzerhand eine Software entwickeln. Während sich zwei Entwickler um die Technik kümmern, ist Hood für das Geschäftliche verantwortlich. Fertig ist das Dreiergespann zeitgleich zum Platzen der Dotcom-Blase im November 2000. „Natürlich war uns schnell klar, dass das kein guter Zeitpunkt ist und wir für unser Wachstum Geld benötigen, niemand aber mehr ins Internet investieren will. Auch gab es seinerzeit noch nicht die Infrastruktur, die wir heute haben. Daher blieb uns nichts anderes übrig, als mit unserem Startkapitel, Know-how und Engagement das Beste daraus zu machen." Und es funktioniert. Hood.de bekommt schnell den benötigten organischen Traffic über Suchmaschinen, die Mund-zu-Mund-Propaganda sorgt für Bekanntheit. „Zu der Zeit gab es in Deutschland nur das Auktionshaus Ricardo, Alando wurde gerade zu eBay und hood.de." Während Ricardo und Alando vor dem Platzen der Dotcom-Blase Geld eingesammelt hatten, und so ordentlich die PR-Trommel rühren können, startet hood.de klassisch aus dem Wohnzimmer und macht alles selbst. „Wir schraubten unsere Server selbst zusammen, überlegten uns Konzepte, entwickelten das Geschäftsmodell."

Im Gegensatz zu Ricardo und eBay startet der Underdog hood.de komplett kostenfrei, ohne Gebühren für das Einstellen und Verkaufen zu verlangen. „Das haben wir sehr lange so gemacht und uns bis 2008/09 rein über Werbeeinnahmen finanziert. Als sich aber die Werbemöglichkeiten im Netz verändern, Adblocker immer mehr zunehmen und auch das organische Wachstum über die Suchmaschinen weniger wird, erweiterten wir hood.de: Neben Verkaufsprovisionen ergänzten wir 2010 den Marktplatz auch um Shops."

„Vor allem die technischen Probleme der Anfangsjahre waren herausfordernd"

Am Ende stellt sich das Platzen der Dotcom-Blase als Glücksfall heraus. „Für einen Investor wäre unsere Entwicklung innerhalb der ersten zehn Jahre zu langsam gewesen. So aber konnten wir uns rein auf das Wachstum konzentrieren, dynamisch auf den Markt reagieren und mussten nicht zahlengetrieben Tempo machen. Und wir erreichten eine kritische Masse an Käufern und Verkäufern, was bei einem Marktplatz essenziell ist. Durch diese Balance von Käufern und Verkäufern entwickelte sich unser Umsatz relativ schnell stark." Um mit Konkurrenten wie eBay und Amazon Schritt halten zu können, muss man jedoch entweder in eine absolute Nische gehen oder sich mit einem starken Partner zusammenschließen. „Wir haben 2017 von Karstadt ein Übernahmeangebot bekommen und angenommen. Seitdem arbeiten wir gemeinsam an einer Transformation. Denn Karstadt, 1881 gegründet, hat in den letzten Jahren einige Umschwünge mitmachen müssen." Die Idee dabei ist aber nicht, hood.de durch karstadt.de zu ersetzen. Vielmehr wollen beide vom Wissen des anderen profitieren.

Einfach war der Weg bis dahin nicht. Hood erlebte Momente, die sehr herausfordernd waren. „Vor allem die technischen Probleme der Anfangsjahre waren herausfordernd. Zwar freut man sich über wachsenden Traffic. Die Technik aber muss damit auch immer Schritt halten können. So mussten wir zum

Beispiel mal in einer Nacht-und-Nebel-Aktion Hardware besorgen und die zum Rechenzentrum bringen. Wir schlugen uns dort die Nächte um die Ohren und schliefen neben den Servern. Heute hingegen mietet man sich für 30 Euro einen Server, der schon eine gewisse Last aushält. Damals jedoch hat man sich Platz in einem Rack gekauft und für den Datentransfer in Gigabyte bezahlt." Allein mit Technik läuft ein Unternehmen allerdings nicht. Dafür braucht es auch verschiedene kluge Köpfe. „Der Begriff Lean-Startup trifft auf hood.de zu wie auf kein anderes Unternehmen. Wir waren allerdings aus Kostengründen sehr lange ein kleines Team. So mussten wir immer überlegen, was ein Mitarbeiter kostet, was er kann und ob wir das nicht über die Technik auffangen können – was in 90 Prozent der Fälle funktionierte. Und weil wir sehr früh technisch sehr fortschrittlich waren, hatten wir auch früh Kaufinteressenten." Dementsprechend besteht das Managementteam auch nur aus Ryan Hood und seiner Frau, die nach dem Studium ins Unternehmen kam.

„Viel wichtiger als die Idee selbst sind für mich immer die Gründer"

Als Business Angel interessiert sich Ryan Hood fast ausschließlich für Themen rund um Marktplätze für Produkte und Dienstleistungen. „Viel wichtiger als die Idee selbst sind für mich immer die Gründer: Wie treten sie auf? Wie überzeugen sie? Aber auch, was haben sie schon gemacht? Mir wurden schon so oft Ideen gepitcht, die an sich ganz toll waren, allerdings ohne Hands-on-Mentalität. Daher finde ich bei Gründern unheimlich wichtig, dass sie sich nicht nur Gedanken über Idee und Businessplan machen, sondern auch schon etwas in Form von kleiner Website oder Mockup vorweisen können.“ Hood ist ein großer Fan des Ausprobierens – selbst wenn es die wildesten Ideen sind. Häufig aber verlieren sich Gründer in ihren Planungen. „Ich habe mal Gründer erlebt, die sechs Monate geplant und ihr Businessmodell mehrmals umgestellt haben – und in der Startwoche, wo sie die ersten potenziellen Kunden kontaktierten, merkten, dass das alles keinen Sinn macht.“

Bei der Nutzerzentrierung sollten wir uns deshalb eine große Scheibe von den Amerikanern abschneiden. Die nämlich wollen es nicht perfekt und richtig machen, sondern so wenig wie möglich schlecht. Daher fangen sie einfach an. Und auch wenn auf diesem Weg unerwartete und negative Dinge passieren, sie sind in der Aktion und sammeln Erfahrungen. „Der beste Beweis ist der Tesla, in dem wir fahren. Oder die E-Roller. Als ich vor zwei Wochen nach zehn Monaten mal wieder an der Westküste der USA war, war ich sehr erstaunt, wie sich das Thema E-Mobilität in so kurzer Zeit sichtbar verändert hat. Überall standen Zehntausende E-Roller herum. Ich vermute, dass die Hälfte der Leute, die dort unterwegs sind, die nutzen. Und wir sprechen hier von mehreren Tausend Menschen – Jung und (!) Alt. Ein Nachteil ist sicher die Sicherheit. Denn die sind bis zu 25 km/h schnell, eigentlich zu schnell. Es ist aber ein gutes Beispiel dafür, wie in den USA Ideen umgesetzt werden: Jemand hat eine Idee, investiert, stellt die Roller hin und alle nutzen es.

Und jetzt das Negativbeispiel Deutschland: Daraufhin erzählte mir ein Freund, der sich solch einen E-Roller in Deutschland gekauft hat und ihn auf einem Fahrradweg ausprobieren wollte, dass er nach wenigen Minuten von einer Polizeistreife angehalten wurde und eine Strafanzeige wegen Fahrens ohne Versicherungsschutz erhielt. Allerdings benötigt man für den Versicherungsschutz ein Kennzeichen. Fahrzeuge bekommen die jedoch nur, wenn sie über ein Prüfzeichen verfügen – und das hatte sein Roller nicht. Ergo, er darf ihn nur auf dem Privatgrundstück bewegen. Ich würde mir für Deutschland wünschen, dass die rechtlichen Hürden für solche Start-ups schneller aus dem Weg geräumt werden." Denn auch wenn die Bundesregierung mit der Verordnung für Elektrokleinstfahrzeuge zeitnah eine gesetzliche Grundlage für die Verwendung von Elektrorollern geschaffen hat. Diese Verordnung gilt für viele bereits im Markt befindliche Fahrzeuge nicht. „Electric Empire", der Bundesverband Elektrokleinstfahrzeuge, geht hier von bis zu 250.000 Rollern aus, die die vom Verkehrsministerium erarbeiteten Standards nicht erfüllen.

„Die Gründe, warum Start-ups scheitern, sind vielfältig"

Nun gehört in Deutschland das Scheitern nicht zum Plan, sondern ist immer noch ein Stigma. „Die Gründe, warum Start-ups scheitern, sind dabei vielfältig. Beschäftigen sich Gründer beispielsweise mit zu vielen Themen, die nichts mit ihrem Kernthema zu tun haben, bleibt oft das Durchhaltevermögen auf der Strecke. Ein weiterer Fehler ist meiner Meinung nach auch, wenn Gründer sich nur noch mit Finanzierungsrunden beschäftigen und kaum noch Zeit in ihr Produkt investieren." Daher sollten Gründer wie echte Unternehmer denken: Nicht nach acht Stunden den Stift fallen lassen. Immer durchhalten, auch wenn es schlecht aussieht. Sowie das Thema „fail fast" beherzigen. Denn wenn

Geschäftsmodelle nicht funktionieren, sollte man frühzeitig aufhören und sich auf eine neue Idee konzentrieren. „Wenn Ideen partout nicht funktionieren, muss man loslassen. Wenn aber alle weiterhin von dem Produkt überzeugt sind, sollte man durchhalten. Ich kenne Gründungen, die kurz vor der Insolvenz waren, durch das Durchhaltevermögen heute aber erfolgreich am Markt sind.“

„Für Corporates ist das sehr herausfordernd und größer, als es auf den ersten Blick scheint“

Die Entwicklungen von Start-ups und großen Digital-corporates wie Google & Co., die sich in Märkte fressen und Schnittstellen besetzen, stellen Konzerne und Mittelstand vor große Herausforderungen. „Für Corporates ist das sehr herausfordernd und größer, als es auf den ersten Blick scheint. Diese Marktveränderung bedrohte zum Beispiel das komplette Geschäft von Karstadt innerhalb weniger Jahre. Das größte Problem dabei ist, dass viele Unternehmen darauf viel zu spät und nicht konsequent genug reagieren. Bei Karstadt beispielsweise stehen wir vor der Herausforderung Omnichannel: Das Sortiment, bestehend aus Abertausenden Produkten, online und im Warenhaus vor Ort verfügbar zu machen. Das ist deutlich komplizierter, als man sich das von außen vorstellt. Hier müssen viele Prozesse, die sich über Jahre aufgebaut haben und der Entwicklung entgegenstehen, angepasst werden. Im Prinzip müssen diese Unternehmen ihr Geschäft komplett hinterfragen und prüfen, ob eine Anpassung reicht oder eine Evolution notwendig ist.“

Langfristig verändert sich jedes Geschäft und muss sich dementsprechend anpassen. Daher sollte die Frage eher lauten: Ist mein Geschäft morgen überhaupt noch da? Dabei ist es nicht nur eine Frage der Technologie, sondern vor allem eine Frage der menschlichen Beteiligung. Denn der Mensch treibt die Digitalisierung voran. „Oft wird in Corporates der schlecht funktionierende Status quo geändert. Der Blick für das große Ganze, also was in 20 Jahren ist, fehlt jedoch." Natürlich sind dabei nicht alle Branchen gleich zu bewerten. Ein guter Weg für alle ist aber, Wissen über Beratungen oder Beteiligungen einzukaufen. „Würde ich heute eine alteingesessene Firma leiten, würde ich mir alle jungen Start-ups auf dem Markt anschauen und versuchen, die an mich zu binden."

„Ich rate Gründern, ihre Idee frühzeitig zu kommunizieren, um zu schauen, ob sie überhaupt taugt"

Gründern rät Hood, bei ihrem Thema zu bleiben. Aus eigener Erfahrung weiß er, wie wichtig das ist: Als er 2003 in den USA ist, wird gerade Myspace gelauncht. Ihm gefällt die Idee und in einem Anfall von Größenwahn programmiert er etwas Ähnliches für den deutschen Markt – schließlich hat hood.de ja die User. Nach ein paar Monaten steht das Portal und wird zunächst auch gut angenommen. Allerdings wird ihm schnell bewusst, dass er zum einen damit zu diesem Zeitpunkt kein Geld verdienen kann, zum anderen extrem leicht ersetzbar ist. Denn kurz darauf startet StudiVZ und bei ihm brechen die Zahlen ein. Die Arbeit, die er mit seinem Team investierte, war völlig umsonst. Sein Learning: Konzentriere dich auf dein Thema. „Ich rate Gründern, ihre Idee frühzeitig zu kommunizieren, um zu schauen, ob sie überhaupt taugt.

Außerdem sollte man einfach starten – auch wenn man sich dafür die Nächte um die Ohren schlagen muss. Sowie die Idee einem Realitätscheck unterziehen und im realen Leben ausprobieren. Dann ist man auf dem besten Weg, ein erfolgreiches Start-up aufzubauen und Investoren zu finden.“

Mehr über Ryan Hood sowie Links zu den verschiedenen ChangeRider-Formaten gibt es hier:
http://people.changerider.com/rhood

CHRISTINE MAYERHOFER

„NICHT DIE DIGITALISIERUNG IST DAS PROBLEM, SONDERN DAS, WAS SICH IN FAMILIEN VERÄNDERT HAT“

Kinder sind unsere Zukunft! Damit die kleinen Pioniergeister auch zu großen Denkern und Machern werden, unterstützt die Sozialpädagogin und Psychodramatherapeutin Christine Mayerhofer seit fast 25 Jahren Eltern und Kinder dabei. Sie gehört der Initiative FamilienTeam an, die Eltern und Kinder dabei hilft, sich zu optimieren und das Familienleben zu verbessern.

Die Digitalisierung verändert die Gesellschaft, Wirtschaft und Politik enorm – und macht natürlich auch nicht vor dem Familienleben halt; denn Smartphones, Tablets, Social Media, Internet of Things halten Einzug in unseren Alltag. Doch was bedeutet es eigentlich für Erziehung und Kommunikation, wenn sowohl Eltern als auch Kinder zunehmend digital unterwegs sind? „Ich persönlich bin ein großer Fan der Digitalisierung, denn sie erleichtert sehr vieles. Natürlich muss man hierbei aber auch die negativen Aspekte im Auge behalten. Aktuell zum Beispiel gibt es einen großen Aufschrei, dass Social Media und die Digitalisierung unsere Kinder krank macht. Der Ursprung dieses Problems ist aber nicht die Digitalisierung, sondern das, was sich in Familien verändert hat. Denn auch wenn Eltern in der Regel die beste Motivation haben, Grenzen zu setzen ist für viele sehr herausfordernd. Die Gründe, warum Eltern diese Aufgabe nicht mehr annehmen, sind vielfältig und haben eine große Auswirkung auf Familie und Kinder." So sollten Eltern beispielsweise bei ihrem Nachwuchs die Nutzung von Geräten wie Smartphone, Computer, Konsolen und Tablets beschränken – was im Alltag jedoch wenig passiert. Nicht selten haben Kinder ab der 6. Schulklasse bereits einen uneingeschränkten Zugang zu digitalen Geräten und dem Internet. „Die meisten Eltern setzen sich mit der Thematik zwar auseinander. Allerdings bekomme ich auch oft das Argument zu hören, dass sich der Nachwuchs im Zeitalter der Digitalisierung damit auskennen muss. In meinen Augen findet hier zu wenig Begrenzung statt. Ein Beispiel: Steht von der Feier am Wochenende noch eine Flasche Gin im Kühlschrank und nimmt sich der Fünfjährige ein Glas davon, wird das Gros der Eltern nicht sagen: Trink ruhig, denn du musst mit 18 Jahren auch mit Alkohol umgehen können. Hier sind Eltern klar. Beim digitalen Konsum hingegen fehlt diese Klarheit. Und verbringt eine Zehnjährige täglich vier Stunden vor Geräten, ist das einfach zu viel. Und weil es eine einheitliche zeitliche Vorgabe nicht gibt, sollten Eltern sich auf eine einigen und sich im Zweifel mit dem Fachpersonal von Kindergarten und Schule beraten."

Dabei muss die Kommunikation darüber nicht schwierig sein. Haben sich Eltern auf eine tägliche Zeit geeinigt, müssen sie sich nur konsequent daran halten. „Eine Herausforderung stellt hier für viele Eltern die Begründung dar. Man muss und sollte nicht alles begründen. Auch können Kinder das oft noch gar nicht erfassen." Natürlich sollten Erziehungsmaßnahmen à la ‚Du machst das, was ich sage' der Vergangenheit angehören. Denn den Willen eines Kindes zu brechen, ist keine Lösung. „Ins andere Extrem sollte das Pendel aber auch nicht schlagen – was es in vielen Familien leider tut. Meine Erfahrungen zeigen, dass viele Eltern zu viel erklären, weil sie nicht alles über die Köpfe ihrer Kinder hinweg entscheiden wollen. So lange ein Kind aber gar nicht nach einer Begründung fragt, würde ich als Eltern die Entscheidung auch nicht begründen. Diesen Schritt würde ich erst tun, wenn überhaupt Fragen kommen. Ich bin generell ein Fan der wenigen Worte, denn Kinder können sehr eloquent ihre Bedürfnisse begründen; dann befinden sich Eltern schnell im Begründungsmonolog, was sehr anstrengend ist."

"Wir verstehen uns als Gegenpol, wo Kinder Dinge lernen, die das Leben neben all der technischen Möglichkeiten noch bietet"

Das FamilienTeam-Programm ist Grundlage der pädagogischen Arbeit. Betreut werden Kinder zwischen zwei und sechs Jahren, die besondere Unterstützung benötigen. „Zusätzlich zu unserem Gruppenangebot bieten wir den Eltern Familienteamkurse an. Auch externe Eltern haben die Möglichkeit, an Familienteamkursen teilzunehmen." Und weil es in vielen Familien bereits sehr viel Digitalisierung gibt, halten sie sich in der Einrichtung damit zurück. "Wir verstehen uns hier vielmehr als Gegenpol, wo Kinder Dinge lernen, die das Leben neben all der technischen Möglichkeiten noch bietet." Was nicht heißt, dass keine Technik zum Einsatz kommt. Das Thema Mobbing zum Beispiel wird den Kindern über einen kleinen Film nähergebracht. „Dieser 30-Sekünder zeigt, wie eine Pferdeherde nicht mit einem kleinen Zwergpony spielen möchte und es ausgrenzt. Besser kann man das Thema Kindern nicht näherbringen, denn jeder leidet sofort mit dem kleinen Pony mit."

„Je näher sich Personen sind, desto wichtiger ist das Beziehungskonto"

Und weil instabile Beziehungen grundsätzlich zu vermeiden sind, geht es beim FamilienTeam-Coaching unter anderem darum, mit einem Beziehungskonto ins Gleichgewicht zu kommen. Denn je näher sich Personen sind, desto wichtiger ist das Beziehungskonto. Dafür hat jeder mit jedem in der Familie ein Beziehungskonto. Dieses füllt sich durch das Anlächeln, Zuhören, echtes Interesse, gemeinsame Zeit und Spaß miteinander. Trifft man zum Beispiel aufeinander und begegnet sich freundlich, hat jeder sofort einen Pluspunkt auf dem Beziehungskonto. „Die Wahrnehmung und das Loben sind eine ganz große Einzahlung auf das Beziehungskonto. Wichtig dabei ist, dass das Konto immer gut gefüllt ist, damit Eltern überhaupt eine Abhebung vornehmen können. Wer als Elternteil zum Beispiel eine Grenze setzt, muss vorher genügend Pluspunkte angesammelt haben. Denn für eine Abhebung müssen Eltern zunächst sieben Mal etwas eingezahlt haben. In Bayern zum Beispiel gibt es keine ausgeprägte Lobkultur. Hier heißt es oft: Wenn i nix sag, es gut genua. Auch ich als Bayerin ertappe mich manchmal dabei, dass mir etwas bei meinen Mitarbeitern oder Kindern gut gefällt, ich sie loben könnte, es aber nicht tue. Daran regelmäßig zu denken, war für mich eine große Umstellung – obwohl es nur eine Sache von einer halben Minute ist." Dabei sollte das Loben aber nicht inflationär werden. Das FamilienTeam rät, dass man zum Beispiel das Bild eines Kindes nicht als toll lobt, da es eine Wertung darstellt. Besser und sinnvoller ist, in die Beschreibung zu gehen: Ich habe gesehen, dass du richtig viel Spaß gehabt hast beim Malen der gelben Sonne, des blauen Meeres und der bunten Liegestühle. Das nämlich zeigt dem Kind, dass man sich Zeit genommen und richtig hingeschaut hat (Stichwort: Selbstwirksamkeit). Beziehungskonten sind allerdings nicht nur zwischen Familienmitgliedern sinnvoll, sondern auch in Unternehmen zwischen Mitarbeitern und Führungskräften. Dabei gilt als Faustregel: Je höher die Abhängigkeit der Personen untereinander, desto höher die Pluspunkte vor einer Abhebung. Im Arbeitsleben gilt daher ein Verhältnis von 10 : 1, in Partnerschaften von 5 : 1.

„Viele Eltern sagen aus einer guten Motivation heraus, dass Kinder nicht wütend sein sollen"

Obwohl sehr belastend, finden die Themen Konflikt und Wut in vielen Familien wenig Beachtung. Dabei gehören diese Gefühle im Leben dazu und sollten daher auch erlaubt sein. „Viele Eltern sagen aus einer guten Motivation heraus, dass Kinder nicht wütend sein sollen. Sie befürchten, dass ihre Kinder sich nicht mehr unterordnen können und unkontrollierte Wutausbrüche haben. Die Angst ist zwar berechtigt, jedoch kann der Schuss auch nach hinten losgehen. Nämlich dann, wenn man die Wut ignoriert oder herunterspielt. Das heißt nicht, dass Kinder alle paar Minuten einen Wutanfall bekommen dürfen. Dennoch aber ist die Wut ein wichtiges Gefühl für Kinder UND Erwachsene. An der Wut erkennt jeder seine Grenzen und steht für sich ein."

"Um den Konflikt ein für allemal zu klären, müssen Eltern eine klare Grenze setzen

Daher lernen Eltern in den Kursen von FamilienTeam, ihre Wut ausfindig zu machen sowie einen Umgang damit zu finden. „Damit man seine Wut in den Griff bekommt, geben wir den Teilnehmern entsprechend Instrumente an die Hand. Denn vor allem im Umgang mit wütenden Kindern müssen Erwachsene einen kühlen Kopf bewahren können. Und weil oft nur Situationen eskalierend sind, die immer wieder auftreten, sind Grenzen wichtig. Will ein Kind zum Beispiel konsequent nicht sein Zimmer aufräumen, sollten Eltern keinen Wutanfall bekommen, sondern in die Auseinandersetzung gehen und eine Grenze setzen." Leichter gesagt als getan, denn dafür müssen Eltern ihre Wut hintanstellen. Wer nämlich wütend ist, dem steigt das ganze Blut in den Kopf. Klar denken und verhandeln zu können ist dann aussichtslos. „Vernünftige Gespräche sind erst möglich, wenn Eltern und Kind sich beruhigt haben. Und um den Konflikt ein für allemal zu klären, müssen Eltern eine klare Grenze setzen. Aber, und das ist ganz wichtig, Eltern sollten hier auch das Bedürfnis für das Verhalten des Kindes hinterfragen und ernst nehmen. Bitte nicht missverstehen, damit meine ich nicht, dem Kind eine Erlaubnis für seine Handlung auszusprechen. Es geht vielmehr darum, ihm das Gefühl zu geben, sein Bedürfnis anzuerkennen (‚Ich sehe, dass du wütend bist, weil du dein Zimmer jetzt aufräumen sollst‘), um es dann erläutern zu können (‚Zum Spielen gehört aber auch das anschließende Aufräumen‘).“ Erkennen beide Seiten anschließend das Bedürfnis des anderen an, finden sie am Ende auch eine Lösung. Kommt die gar vom Kind, ist die Wahrscheinlichkeit um ein Vielfaches höher, dass es sich auch zukünftig daran hält. „Meine Erfahrung ist, dass viele Eltern ihren Nachwuchs hier unterschätzen. Dabei haben Kinder sehr wohl gute Lösungen parat, werden von ihren Eltern aber nicht angehört.“ Und weil Erziehungsarbeit ein Marathon und kein Sprint ist, klappt es oft auch nicht beim ersten Mal, was in Ordnung ist. „Für die Kommunikationsfähigkeit ist die Auseinandersetzung förderlich. Auch als Motivation für das Setzen von Grenzen. Denn je früher Eltern Grenzen setzen, desto weniger eskalieren Situationen.“

„Alle Gefühle sind erlaubt, aber nicht jedes Verhalten“

Was einfach klingt, ist im Alltag eine große Herausforderung. „Daher müssen sich Eltern immer wieder vor Augen halten, dass wütende Kinder oft hilflos los. Der erste Schritt sollte deshalb sein, dass man seinem Kind die Berechtigung gibt, wütend zu sein – und das auch vermittelt, indem man es ausspricht. Denn ein Job der Eltern ist, die Wut ihrer Kinder zu zivilisieren, damit sie sich in der Gesellschaft gut zurechtfinden. Um mit ihren Gefühlen klarkommen zu können, brauchen Kinder hier die Unterstützung ihrer Eltern. Mein Credo: Alle Gefühle sind erlaubt, aber nicht jedes Verhalten.“ Und weil es auch hier kein Richtig oder Falsch gibt, müssen Familien Regeln individuell setzen. Das Gespräch darüber macht aber nur Sinn, wenn keine Wut mehr im Raum ist. „In eskalierenden Situationen sollten Eltern der Coach ihres

Kindes sein: Es darf seine Gefühle spüren, kommunizieren und sortieren, um langsam wieder in Richtung Normalität zu kommen." Dabei entlastet es Kinder bereits, wenn Eltern einerseits laut aussprechen, dass sie die Wut ihres Kindes sehen, andererseits ihnen ihre Hilfe anbieten, gemeinsam zu schauen, wie jetzt mit der Wut umgegangen werden kann.

„Wer stark reglementiert, schränkt Freiheiten ein"

„Eltern erreichen ihre Kinder, wenn sie auf sie zugehen. Im Alltag allerdings erfolgen Ansagen oft aus dem Off: Der Vater ist in der Küche und ruft Richtung Kinderzimmer, dass das Kind sein Zimmer aufräumen soll. Erfolgreicher wäre, wenn der Vater ins Kinderzimmer geht, sein Kind anschaut (es gegebenenfalls berührt, hierbei kommt es auf das Kind an) und dann die Ansage macht. Und auch hier sollten Eltern das Bedürfnis ihres Kindes ernst nehmen: Für dich ist das Malen wichtig, die Zeit ist aber um, bitte räume jetzt dein Zimmer auf. Wichtig: Wenige Worte verwenden und auf keinen Fall diskutieren! Wer sein Kinder nicht aus dem Spiel reißen möchte, kann die Ansage auch mit zeitlicher Begrenzung machen: ‚Bitte räume in zehn Minuten dein Zimmer auf.' Und dann auch darauf vorbereitet sein, dass das Kind nach zehn Minuten nicht will und die Situation eskaliert."

Ratsam ist, Kinder beim Aufsetzen von Familienregeln einzubeziehen. So ist die Wahrscheinlichkeit, dass sie sich auch daran halten, wesentlich höher. „Allerdings sollte es nicht zu viele Regeln geben. Wer stark reglementiert, bei dem läuft es zwar glatt, die Freiheiten werden so aber auch eingeschränkt. Bei zu wenig Regeln ist die Gefahr groß, dass alles aus dem Ruder läuft. Besser ist, nur dort Regeln aufzustellen, wo es nicht läuft. Ich würde mich freuen, wenn Eltern weniger Angst vor den Gefühlsausbrüchen ihrer Kinder hätten. Und einfach Spaß mit ihren Kindern haben!

Mehr über Christine Mayerhofer sowie Links zu den verschiedenen ChangeRider-Formaten gibt es hier: http://people.changerider.com/cmayerhofer

JAN HEITMANN „POKER IST EIN HERVORRAGENDES MODELL ZUR ENTSCHEIDUNGSFINDUNG“

Jan Heitmann war jahrelang einer der besten deutschen Pokerspieler. Im Sauerland groß geworden, kommt der Profispieler über seine erste Leidenschaft, die Zauberei, zum Pokerspiel. Dennoch beginnt der aus einem Unternehmerhaushalt stammende Heitmann nach dem Abitur zunächst an der WHU ein BWL-Studium. 2003, nach seinem Diplom, drängt es ihn jedoch nicht gleich in den Job. Er will zunächst Ferien machen und durch Europa reisen. Um sich die Reise zu finanzieren macht Heitmann in Städten halt, wo er Poker spielen kann. Sein Plan: Wenn er pleite ist, fährt er nach Hause und sucht sich einen Job. Der Plan ist allerdings komplett schiefgegangen, ein Jahrzehnt später war er immer noch auf Reisen.

Leidenschaft setzt oft ungeahnte Energien frei. Sie unterscheidet jene, die Erfolg haben, von denen, die diese Eigenschaft nicht mitbringen. Auch bei Jan Heitmann zeigt sich, dass sich Leidenschaft rechnet. „Das Pokerspielen fühlt sich für mich nicht wie ein Job an. Mein Ziel ist daher auch, irgendwann im hohen Alter auf dem Sterbebett sagen zu können: ‚Ich habe noch nie einen Job gehabt.'" Dennoch ist das professionelle Pokerspielen ein Job, sogar ein extrem harter. „Als Spieler hat man unglaublich hohe kurzfristige Schwingungen, die zwar langfristig zu planen sind, kurzfristig allerdings sehr anstrengend sein können. Wenn man aber jeden Morgen aufsteht und Bock darauf hat, dann fühlt sich das halt anders an."

"Jede relevante Entscheidung, die wir im Leben treffen, findet unter den Gesichtspunkten Unsicherheit und unvollständige Information statt"

Dabei sieht Heitmann durchaus Parallelen zum Management. „Poker ist ein hervorragendes Modell zur Entscheidungsfindung. Es beinhaltet alle Faktoren, die bei Entscheidungen eine Rolle spielen: Es gibt etwas zu gewinnen (den Pot) und durch den Einsatz von Ressourcen (den Chips) schafft man einen Mehrwert. Dabei musst du ein gewisses Risiko-Gewinn-Verhältnis berücksichtigen. Wie viel muss ich für den Pot setzen? Wie viel kann ich in dieser Situation riskieren? Wie groß ist die Gewinnwahrscheinlichkeit? Auch erfolgt das Ganze unter Zeit- und finanziellem Druck sowie gegen mehr oder weniger kompetente Gegenspieler – sowie (und das ist das großartige beim Poker) den Aspekten Unsicherheit und unvollständige Information." Für Heitman gibt es kein anderes Spiel, das die Komplexität besitzt, die Realität zu modellieren und beide Faktoren so darzustellen. „Jede relevante Entscheidung, die wir im Leben treffen, findet unter den Gesichtspunkten Unsicherheit und unvollständige Information statt. Wir können nicht in die Zukunft gucken und verfügen zum Entscheidungszeitpunkt in der Regel auch nicht über alle Informationen. Wie beim Poker: die Unsicherheit, die durch die Karten entsteht. Denn wer weiß schon, welche als Nächstes kommt. Natürlich kann man Szenarien planen und Wahrscheinlichkeiten ausrechnen, es gibt ja nur 52 Karten. Und langfristig ist es gut planbar, aber kurzfristig kommt halt irgendeine Karte. Die unvollständige Information ist beim Poker der Gegner. Er wird weder verraten, was er für eine Hand hat, noch, was er damit plant, und schon gar nicht seine Gesamtstrategie preisgeben. Beim Poker hast du also alles, was du brauchst, um Entscheidungen zu modellieren."

„Wie in der Wirtschaft sind auch beim Poker Anfänger bzw. Leute, die gar keine Ahnung haben, nicht gut einzuschätzen"

Auch in der Wirtschaft treten nicht planbare Gegner in Form von Digitalcorporates oder Start-ups auf, die anders als erwartet handeln und agieren. „Wie in der Wirtschaft sind auch beim Poker Anfänger bzw. Leute, die gar keine Ahnung haben, nicht gut einzuschätzen. Entweder handeln sie irrational, können die Informationen nicht verarbeiten oder wissen nicht, was sie alles machen könnten. Weil sie aber viele grobe Fehler machen, landet das Geld langfristig dennoch bei dir. Trotzdem bleibt ein Risiko. Nämlich dann, wenn du ihre Zeichen nicht deuten kannst. Das ist beispielsweise dann der Fall, wenn der Anfänger denkt, er hat eine starke Hand. Dann nämlich ist er so überzeugt und überzeugend, dass du dein Blatt wegschmeißt." Die große Kunst beim Poker ist also, das zu adaptieren und seine Einstellung zu revidieren. Möglichst schnell herauszufinden, wie die Leute am Tisch ticken und welche Motivation sie haben. „Der Profi-Spieler ist immer im Hinblick auf Profit motiviert. Er möchte seine Gewinne, die er über die Zeit akkumuliert, maximieren. Das ist aber nicht bei jedem am Tisch der Fall. Viele betreiben Poker auch als Hobby. Dann ist die Zielsetzung eine ganz andere, und deine daraus folgende Strategie auch."

„Ich passe meine Strategie so an, dass ich am Tisch möglichst viel Geld verdiene"

Gleich zu Beginn seiner Reise hat Heitmann ein Aha-Erlebnis, das ihn nachhaltig beeindruckt. „Mein erster Stopp war Barcelona. Ich war täglich im Casino und habe gepokert. Mehrmals in der Woche kam ein älterer Spanier dazu, der unfassbar schlecht spielte und nicht selten an einem Abend 500 Euro verlor. Und ich dachte: ‚Was für ein Idiot. Wie bescheuert kann man sein.' Als ich mit ihm ins Gespräch kam, stellte sich jedoch heraus, dass er ein sehr erfolgreicher Neurochirurg auf der Suche nach Ablenkung war. Er bestellte sich immer einen guten Wein dazu und genoss das Spiel mit den jungen Leuten am Tisch. Ein absolutes Aha-Erlebnis für mich. Ich habe ihn aus meiner Perspektive und Motivation beurteilt. Aus meiner Motivation (gewinnen wollen) war sein Spiel schwachsinnig. Aus seiner Perspektive (Spaß haben) nicht." Poker ist immer eine kompetitive Situation. Daher geht es erst einmal darum, die anderen am Tisch wahrzunehmen und zu akzeptieren – und daraus seine Schlüsse zu ziehen. „Ich passe meine Strategie so an, dass ich am Tisch möglichst viel Geld verdiene. Wie in der Businesswelt auch: Du möchtest verstehen, wie deine Kunden und Mitarbeiter ticken, was ihre Motivation ist und wie du daraus das Beste machen kannst.

Denn wenn du in den Kopf des anderen schauen kannst, kannst du besser agieren.“

„Natürlich musst du Gewinne produzieren, es geht aber nicht ums Gewinnen“

Daher sind Pokerspielern Resultate auch egal. Es interessiert sie nicht, ob sie an einem Dienstagabend mit einem Plus oder Minus nach Hause gehen. „Natürlich musst du Gewinne produzieren, es geht aber nicht ums Gewinnen. Das ist ein subtiler, aber sehr klarer und wichtiger Unterschied. Wer auf das Gewinnen aus ist, ist beim Minus unzufrieden und umgekehrt. Der Profi aber interessiert sich ausschließlich für seine getroffenen Entscheidungen. Er weiß, dass kurzfristige Resultate stark durch Zufall und Unsicherheit beeinflusst werden – wie im echten Leben auch.“ Was viele Start-up-Gründer aus eigener unangenehmer Erfahrung wissen: Nicht selten arbeitet man drei Monate auf etwas hin, um dann durch ein unvorhersehbares Ereignis ein schlechtes Resultat einzufahren – obwohl die getroffenen Entscheidungen richtig und gut waren. „In jedem Resultat ist eine gewisse Kausalität: Entscheidungen, die dazu geführt haben und eine ganze Menge ‚Random Shit‘.“ Ein guter Pokerspieler konzentriert sich deshalb allein auf seine Entscheidung und ist daher auch gescheitert, wenn er schlechte Entscheidungen getroffen hat, die er zum Entscheidungszeitpunkt eigentlich hätte besser wissen müssen. „Dafür gibt es viele Gründe, aber keine Entschuldigung.“

Laut Simon Sinek gibt es in der Spieltheorie endliche und unendliche Spiele. Endliche Spiele wie Fußball oder Tennis haben dabei feste Gegner, fixe Regeln und einen Endzeitpunkt. Unendliche Spiele hingegen haben wechselnde Gegner

(Spieler verlassen das Spiel, neue kommen hinzu), Regeln, die sich über die Zeit ändern, sowie keinen Endzeitpunkt. „Poker und Business sind beides unendliche Spiele. Du kannst weder das Spiel Poker, noch das Spiel Business gewinnen. Und weil es keinen Endzeitpunkt gibt, an dem zusammengerechnet wird, kann nicht das Ziel sein, zu gewinnen. Stattdessen suchen wir uns den Zeitpunkt arbiträr – auch wenn der Profi abends zusammenzählt, was er am Tag erreicht hat. Denn das Spiel geht am nächsten Tag weiter. Dementsprechend sind Quartalszahlen auch nur Steuerungselemente und keine Endziele. Schlechte Unternehmer allerdings behandeln diese häufig so. Dabei sagt es nichts aus, ob ich am 31.12. oder am 2.1. zusammenrechne."

„Statt zu verzweifeln, musst du analysieren"

Für Heitmann gehört das Scheitern zum Pokerspiel dazu. „Als Pokerspieler bekommst du ständig auf die Mütze. Das ist quasi Spiel inhärent. Ein Spieler, der online spielt und fleißig ist, trifft bis zu 10.000 Investitionsentscheidungen am Tag, die alle recht knapp beieinander sind. Das heißt, du hast hier eine hohe Varianz, die kurzfristig enorm sein sowie relativ lange dauern kann." Jeder Poker-Profi, der ein hohes Volumen spielt, hat Phasen, wo er ein paar Wochen oder sogar Monate am Stück jeden Morgen zur Arbeit geht, acht Stunden spielt und jeden Abend weniger Geld auf dem Konto hat als vorher. „Das über drei Monate macht dich fertig. Statt zu verzweifeln, musst du analysieren: Wie viele meiner Resultate sind kausal? Was habe ich selber verschuldet? Ist die Konkurrenz stärker geworden? Habe ich Leaks in meinem Spiel? Oder habe ich alles richtig gemacht und tatsächlich nur Pech gehabt? Dabei analysieren sich gute Spieler nicht nur in Phasen, in denen sie verlieren, denn da ist man aus der Notwendigkeit heraus kritischer. Sie hinterfragen sich auch in guten Phasen. Denn an den Erfolgen ist man nicht nur allein beteiligt, auch da ist Varianz im Spiel. Um dem auf den Grund gehen zu können, musst du sehr ehrlich und selbstkritisch sein."

Mehr über Jan Heitmann sowie Links zu den verschiedenen ChangeRider-Formaten gibt es hier:
http://people.changerider.com/jheitmann

PROF. ACHIM KAMPKER „WIR MÜSSEN LERNEN, GEWISSE RISIKEN EINZUGEHEN UND SCHNELLER ZU WERDEN“

Prof. Achim Kampker ist ein deutscher Ingenieur und Mitbegründer der StreetScooter GmbH. Bis Ende 2013 war er Leiter des Lehrstuhls für Produktionsmanagement an der Fakultät für Maschinenwesen der RWTH Aachen. Seit Januar 2014 leitet er dort den Lehrstuhl Production Engineering of E-Mobility Components (PEM). Im April 2019 verließ Kampker StreetScooter, um sich neuen Projekten wie dem Verein Ingenieure retten die Erde e.V. zu widmen.

Prof. Achim Kampker und Prof. Günther Schuh lehren an der RWTH Aachen, als sie 2009 auf der Suche nach einer Antwort auf die Frage sind: Wie kann man in Deutschland dauerhaft wettbewerbsfähig sein? Daraus entsteht die Idee des „Returned Engineering“: Wie wäre es, wenn man Entwicklungsprozesse kreiert, mit denen man in der Hälfte der Zeit und mit einem Zehntel der Investition ein marktreifes Produkt entwickelt? „Wir kassierten dafür von unseren Kollegen viele Lacher, was uns nur noch mehr herausforderte. Auch sind Universitäten dafür da, Dinge auszuprobieren. Denn scheitern wir, ist das ja auch ein Erkenntnisgewinn." Kampker und Schuh haben die Idee, ein günstiges Elektroauto für Kurzstrecken zu entwickeln. Ihnen wird jedoch auch schnell klar, dass sie dafür einen Industriepartner benötigen. „Denn es kann nicht Aufgabe der Hochschule sein, so etwas zu bauen." Neben den Lachern bekommen die beiden auch ordentlich Gegenwind. Denn viele vertreten die Meinung, dass es keine Kunst ist, einen Prototypen zu bauen. Der eigentliche Beweis wäre, wenn das Unternehmen sich am Markt etabliert. „Das war 2010, die Geburtsstunde von ‚StreetScooter'." Und auch wenn Scooter Zweirad bedeutet, inspiriert ist der Name vom Autoscooter: ein robustes Fahrzeug, was problemlos angerempelt werden kann.

Zur Umsetzung des StreetScooter bauen Kampker und Schuh ein Konsortium mit 80 Partnern aus mittelständischen Unternehmen und zahlreichen Forschungseinrichtungen auf. Und weil die Zulieferer der Meinung waren, dass vieles besser wäre, wenn Automobilhersteller ihre Ideen umsetzen würden, bezogen Kampker und Schuh sie mit ein. „Geplant war zunächst ein kleines Stadtfahrzeug. Deshalb auch die Idee, den Pkw für einen Preis von 5.000 Euro (zzgl. Batteriemiete) anzubieten. 2011 war es dann so weit und wir konnten unseren Prototypen auf der IAA vorstellen." Durch diese Medienpräsenz wird die Deutsche Post auf StreetScooter aufmerksam. Die nämlich hat nicht nur einen Flotte von bis zu 70.000 Fahrzeugen, sondern ist auch auf der Suche nach nachhaltigen Kleinfahrzeugen für den Innenstadtverkehr. Weil Kampker und Schuh aber nicht nur am fertigen Produkt gelegen ist, sondern vor allem auch am Herstellungsprozess, entwickeln sie gemeinsam mit der Post ein Elektrofahrzeug, was bei der

Zustellung in der letzten Meile funktionieren soll. „Wir bauten den ganzen Prozess so auf, dass die Zusteller ihre Erfahrungen und Ideen einbringen konnten. Die nämlich steigen bis zu 200 Mal täglich ein und aus, be- und entladen die immer schwerer werdenden Pakete und verursachen die Parkrempler vorne links und hinten rechts. Daher sollten vor allem diese Teile schnell austauschbar sein." Dabei denkt das Team weit über das Thema Elektromobilität hinaus. „Es ist wichtig, dass man nicht nur von einer Antriebsart auf die andere konvertiert, sondern Mobilität weiterdenkt. Denn nicht immer muss man das Große im Blick haben. Es sind auch die vielen Details, die ein Gesamtprodukt besonders machen."

„Ist man über diese Klippe hinaus, stehen Investoren wieder Schlange"

In Deutschland ist die Suche für Start-ups nach finanzkräftigen Partnern nach wie vor eine sehr große Herausforderung. Auch Kampker und Schuh waren auf der Suche nach Kapital. „Dabei fragte uns ein potenzieller Investor, ob es bereits ein anderes Unternehmen mit ähnlichem Produkt gibt. Als ich das verneinte (es handelt sich ja schließlich um eine Innovation) war ihm die Investition zu risikoreich. Weil ich lernfähig bin, habe ich im Gespräch mit dem nächsten potenziellen Kapitalgeber, der natürlich auch diese Frage stellte, geantwortet, dass es ein ähnliches Produkt gibt. Der wollte dann genau deshalb nicht investieren. Meine Erfahrung ist, dass die ersten 500.000 Euro bis zur Million über Fördertöpfe zu erzielen sind. Dann aber kommt das ‚Tal des Todes'. Dann werden Sicherheiten wichtig und vielen ist das Risiko zu hoch. Ist man über diese Klippe hinaus, stehen Investoren wieder Schlange. Und das ist für mich ein Kernunterschied zu Amerika, zum Silicon Valley. Alle pilgern dorthin und sagen anschließend: ‚Schaut dorthin, so macht man das.' Trauen tun sie sich in Deutschland aber nicht." Es mangelt also nicht an Ideen, sondern an der Umsetzung. „Ich höre oft von Männern zwischen 50 und 60 Jahren, dass ich recht habe und sich wirklich etwas verändern muss, damit wir vorankommen. Angehen soll es aber die nächste Generation. Dadurch verlieren wir jedoch kostbare Zeit. Aus meiner Sicht haben wir keine zehn Jahre mehr."

„Das zeigt, wie wichtig ein starker Partner ist"

Die Zusammenarbeit von Post und StreetScooter klappt so gut, dass die Post einsteigt. Und weil die beste Strategie nichts taugt, wenn die Organisation kein verlässlicher Partner mit langfristiger Strategie ist, lässt Kampker seine Professur an der RWTH ruhen und geht mit. „Für mich war der Beweis, dass das Elektrofahrzeug auf dem Markt funktioniert, noch nicht zu Ende gebracht." Ein kluger Schritt, denn durch den Einstieg der Deutschen Post kann er die Entwicklung groß machen. „Das zeigt, wie wichtig ein starker Partner ist, der Lust darauf hat und einen Mehrwert darin sieht, es auf die nächste Ebene zu heben." Mittlerweile aber ist Kampker bei StreetScooter ausgestiegen. „Für mich ist die Mission, von der Idee zur Marktetablierung, abgeschlossen. Daher gehe ich wieder ins universitäre Umfeld zurück."

Dass es für Fahrzeuge wie StreetScooter einen Markt gibt, zeigen die vielen Aufträge. „Viele Unternehmen sind überzeugt, weil das Produkt genau passt. Dem Dienstleister und Logistiker Yamato aus Japan zum Beispiel wird ein Fahrzeug nach seinen Bedürfnissen entwickelt. Beim

Unternehmen Milk & More aus England, die auf nachhaltige Produktion setzen und dementsprechend ein nachhaltiges Fahrzeug gesucht haben, passt der Scooter perfekt ins Gesamtkonzept des Unternehmens. Und auch Westnetz, eine Tochter von Innogy, setzt auf das Elektromobil. Hier war die Herausforderung, eine einfache und simple Offroad-Funktion zu integrieren. Denn das Unternehmen überprüft Hochspannungsleitungen und benötigt dafür ein Fahrzeug, was über Felder und Wiesen fahren kann." Genau in solche Segmente will StreetScooter rein. Deshalb entwickelt das Unternehmen auch nicht bis ins kleinste Detail individuell für einen Kunden, sondern schaut vielmehr, in welche Segmente es will. Das heißt, sie bauen ein Fahrzeug mit einfacher und simpler Offroad-Funktion nicht speziell für den einen Kunden, sondern für dieses Segment – und schafft so dauerhaft Vorteile. „Dafür muss ich mir den Schmerzpunkt des Kunden anschauen und prüfen, ob er in der Breite relevant für uns ist."

Mittlerweile sind bei StreetScooter insgesamt 10.000 Fahrzeuge vom Band gelaufen. Um die Produktionskapazitäten zu erweitern, wurde im Mai 2019 ein Werk in Düren eröffnet, wo bis zu 250 Beschäftigte auf dem Gelände des Automobilzulieferers Neapco für die Modelle „Work" und „Work L" tätig sind. Gemeinsam mit dem Stammwerk in Aachen verfügt StreetScooter nach eigenen Angaben so über Produktionskapazitäten von jährlich bis zu 20.000 E-Fahrzeugen. Die Ingenieurskompetenz, Dinge perfekt zu machen, sie zu durchdenken und mit entsprechenden Features auszustatten, hat Deutschland groß gemacht. Im Bereich der Digitalisierung hingegen müssen Innovationen schnell sein. In der Folge kommen auch Prototypen auf den Markt, die noch nicht komplett durchdacht und fertig sind. Bei Plattformen, die daher auch mal abstürzen, wird es für Nutzer nicht gefährlich. Wenn aber ein Fahrzeug auf den Markt kommt (Stichwort Sicherheit), ist ein nicht funktionierender Prototyp gefährlich. „Beim Thema Sicherheit darf man keine Abstriche machen. Das muss Automotive-Standard sein. Deshalb haben wir dieses Thema zunächst von den anderen Funktionalitäten komplett getrennt, sind auf eine abgesicherte Strecke gegangen und haben viel ausprobiert. Weil wir die langen Entwicklungszyklen aufbrechen wollten, haben wir die Entwicklung mit einer Art Scrum-Ansatz vorangetrieben. Denn Zyklen, die fünf bis acht Jahre dauern, sind heute viel zu lang, das funktioniert nicht mehr.“ Was aber gleichzeitig auch der Spagat ist, wenn man abgesicherte Produkte auf die Straße bringen möchte. „Das ist ‚Returned Engineering‘. Daher nennen wir es auch nicht mehr Prototyp, sondern Primotype: Wir haben Teilaspekte aus dem Fahrzeug aufgegriffen, auf die Kompetenz guter Lieferanten gesetzt sowie auf Systeme zurückgegriffen, die sich über viele Jahre bewährt haben.“ Das heißt, die Abkürzung führt zum Ziel. Man geht bestimmte Kompromisse bei der Funktionalität ein, nimmt das, was bereits im Portfolio ist und nutzt diese 80-prozentige Lösung zur Abfrage von Kundenanforderungen.

Dabei ist der Weg zum großen Erfolg nicht auf die brillante Idee einer Person zurückzuführen, sondern auf ein motiviertes Team. Vor allem in Wachstumsphasen ist das Thema Talente daher eine große Herausforderung für Start-ups. „Talente zu finden ist nicht nur ein, sondern das wichtigste Thema. Aufgrund unserer Nähe zur Hochschule und unseres Themas sind die Leute zum Glück auf uns zugekommen. Mit einer

Truppe aus Söldnern, die ihren Job machen, um Geld zu verdienen, ist ein Start-up wie StreetScooter nicht möglich. Vielmehr ist extrem wichtig, Teil einer Veränderung sein zu wollen. Natürlich sagen immer alle, Veränderungen sind gut. Die aber immer mitzugehen, ist herausfordernd." Auch StreetScooter hat sich seit der Gründung enorm verändert, was vom Management nicht unterschätzt werden darf. „Es ist sehr anspruchsvoll, wenn man morgens ins Unternehmen kommt und wieder ist etwas anders und hat sich weiterentwickelt."

„Die Presse hat uns lange Zeit als Robin Hood dargestellt. Was absoluter Blödsinn ist"

Eine weitere Herausforderung ist die Integration von Start-ups in Corporates. Denn je stärker die Unterschiede in Kultur und Größe sind, desto herausfordernder ist es. Während es in Corporates klar abgegrenzte Verantwortungs- und Zuständigkeitsbereiche gibt, herrschen in Start-ups flache Hierarchien und schnelle Entscheidungen. „In unserem Fall hat das hervorragend funktioniert. Die Post hat sofort verstanden, dass das komplette Eingemeinden des Scooter-Geistes nicht sinnvoll ist. Wo es machbar ist, haben wir dementsprechend viel Freiraum und Entscheidungsspielraum. Dennoch müssen wir uns an gewisse Compliance-Regeln der Post halten – was vollkommen richtig und in Ordnung ist."

Die Zeiten der Alleingänge sollten dabei generell der Vergangenheit angehören. Wo es sinnvoll ist, können clevere Kooperationen – auch mit der Konkurrenz – den entscheidenden Wettbewerbsvorteil liefern. „Die Presse hat uns lange Zeit als Robin Hood dargestellt. Was absoluter Blödsinn ist. Wir wollen mit unserem Produkt etwas verändern, sind aber nicht so vermessen, dass wir denken, mit StreetScooter allein ist die Welt zu retten. Daher lege ich persönlich sehr viel Wert auf ein konstruktives Verhältnis zu den großen Automobilherstellern, wie unsere Zusammenarbeit beim ‚Streetscooter Work XL' mit Ford zeigt: Jeder hat seine Verantwortung, dennoch können wir viel voneinander lernen. Auch können Unternehmen mit ein paar Hunderttausend Mitarbeitern nicht alles auf eine Karte setzen; aber auf ein schnelles Beiboot wie StreetScooter. Genau das müssen wir in Deutschland schaffen: Kombinationen, die sich gegenseitig befruchten. Denn auch wenn viel angelaufen ist, wir sind trotzdem sehr spät dran."

„Wir müssen lernen, gewisse Risiken einzugehen und schneller zu werden"

Elon Musk plant neue Serien sowie 2020 den Angriff auf Uber mit Self-Driving-Cars. Die Chinesen bauen für ein paar Tausend Dollar komplette Fahrzeuge mit Elektromobilität. Und in Deutschland hat der e-Golf eine Wartezeit wie seinerzeit der Trabi. „Deutschland sieht sich wirtschaftlich als starke Nation, ist dementsprechend sehr auf sich fokussiert. China hingegen gibt richtig Gas, dort ist die Elektromobilität längst entschieden. Auf diese Entwicklung schaue ich mit großer Sorge. Daher müssen wir lernen, gewisse Risiken einzugehen und schneller zu werden." Jeder sieht Veränderungen als notwendig an, hat aber viele Ausreden, nicht auf erneuerbare Energien oder Elektromobilität zu setzen. „Wenn ich Vorträge zu dem Thema halte, höre ich schnell 100 Gründe, warum es in Deutschland noch nicht geht. Daher reicht es nicht zu sagen, die großen Konzerne sollen es lösen. Jeder muss sich bewegen, sonst ist das hier mit dem Wohlstand bald vorbei."

„Oft behindern Angst, Sorge, Egoismus oder auch Bequemlichkeit Veränderungen"

Dafür müssen Ingenieure weg von „höher, schneller, weiter" und hin zu Bemühungen, die die Erde retten. „Dann kann wirklich so etwas wie ein ‚Humanotop' gelingen, in dem Menschen Siedlungen kreieren, die ihre Ressourcen wie Essen, Energie etc. selbst herstellen – was schon heute funktionieren kann, denn die Technologien sind alle da. Wir müssen sie nur vernünftig um- und einsetzen. Mit Konzepten wie Urban Farming beispielsweise kann auf kleinstem Raum in Hallen oder auf Flächen genug Nahrung für eine Stadt produziert werden – ohne viel Düngemittel und Pestizide. Auch könnten die verschiedenen Energieformen wie Wind und Sonne so eingesetzt werden, dass eine Stadt ihren Energieverbrauch selbst herstellt. Und würden Städte verdichtet werden, bräuchten nicht mehr so viele Menschen ein Auto. Dann wäre ein Pedelec – meinetwegen auch überdacht – ausreichend. Dafür müssen sich aber alle der Veränderung stellen." Wer nachhaltige Mobilität in Städten platzieren möchte, ist schnell mit dem Thema Besitzstandswahrung konfrontiert. „Ich bin an Velocity Aachen beteiligt, die dabei sind, Verleihstationen in Aachen aufzubauen. Die Herausforderung ist hier der Kampf um jeden Zentimeter Fläche. Von dieser Besitzstandswahrung aber müssen wir weg. Natürlich muss dabei abgewogen werden, denn niemand sollte der Verlierer sein. Dennoch muss ein Umdenken stattfinden."

Die Digitalisierung stellt eine Kernherausforderung dar und führt zu tiefgreifenden Veränderungen. Alle reden von der Digitalisierung und der Notwendigkeit zu handeln, treiben es aber nicht mutig voran. Dabei müssen wir schnell schauen, wie wir uns die Kompetenzen aneignen. Daher braucht es für den Wandel nicht nur Unternehmen und Politik, sondern vor allem auch die Menschen mit ihrer positiven Einstellung dazu. Und weil Kampker nicht nur reden, sondern auch zur Tat schreiten möchte, hat er den Verein „Ingenieure retten die Erde“ (humanotop.earth) gegründet. „Oft behindern Angst, Sorge, Egoismus oder auch Bequemlichkeit Veränderungen. Mit dem Motto ‚Die anderen sollen es richten‘ muss aber Schluss sein, denn unsere Zeit ist abgelaufen. Es reicht nicht mehr, nur zu diskutieren. Wir müssen jetzt beginnen!“

Mehr über Achim Kampker sowie Links zu den verschiedenen ChangeRider-Formaten gibt es hier: http://people.changerider.com/akampker

DR. ALEXANDER VON FRANKENBERG „ICH APPELLIERE AN POLITIK, INVESTOREN, GRÜNDER UND UNTERNEHMEN: THINK BIG!"

Dr. Alexander von Frankenberg, Experte für Venture Capital, Investments und Start-ups, führt gemeinsam mit Michael Brandkamp den High-Tech Gründerfonds (HTGF). 2005 auf Initiative des Bundeswirtschaftsministeriums gegründet, investiert der Fonds früh in Start-ups, wo andere Investoren noch zögern. Als größter Seed-Investor hat HTGF mehr als 500 Technologieinvestments getätigt. Dabei ist von Frankenberg für den Technologiebereich Hard- und Software zuständig, Michael Brandkamp für den Life-Science-Bereich.

„Im Life-Science-Bereich haben wir Unternehmen, die sich mit den großen Herausforderungen Krebs und Alzheimer beschäftigen. So haben wir zum Beispiel ein Investment in der Schweiz, das sich auf die Immuntherapie bei Krebs spezialisiert hat. Neben sehr guten Daten konnten wir bisher auch wichtige Strategen und Investoren dafür gewinnen. Es ist zwar noch zu früh für eine Prognose, aber wenn es klappt, ist es ein besonderer Erfolg." Von Frankenberg und Brandkamp hegen aber nicht nur große Sympathien gegenüber solchen

Unternehmen. „Auch die, die am Ende nicht ganz so erfolgreich sind, machen einen harten Job und wachsen einem ans Herz. Leider werden diese Gründer aber oft übersehen.“

„Gründer sollten generell offen für Anregungen sein, aber auch ihre eigene Meinung vertreten“

Als Geschäftsführer von HTGF hat von Frankenberg nicht nur einen sehr guten Blick auf die Start-up-Welt. Er weiß auch, was erfolgreiche Gründer mitbringen müssen, um erfolgreich zu sein. „Wir investieren, wenn wir das Gefühl haben, dass Gründer wirklich ein Unternehmen aufbauen möchten. Dabei muss es nicht gleich ein großes Unternehmen mit Milliardenumsatz sein – ein Wert im zweistelligen Millionenbereich ist für uns vollkommen in Ordnung.“ Vielmehr zählt für HTGF der Wille, hart arbeiten und es schaffen zu wollen. Dazu gehört, Dinge zu durchdenken, Kompetenzen ins Unternehmen zu holen sowie die Ehrlichkeit sich selbst gegenüber. „Gründer sollten generell offen für Anregungen sein, aber auch ihre eigene Meinung vertreten. Ferner braucht man als kleines Unternehmen einen Wettbewerbsvorteil. Für uns kommt der aus der Technologie oder aus einem sehr innovativen Geschäftsmodell. Das heißt, Gründer müssen ein Geschäftsmodell verfolgen bzw. entwickeln, was zu einem nachhaltig profitablen Unternehmen führt. Und auch wenn es nicht von Anfang an profitabel sein muss, langfristig muss es das schon. Ansonsten ist es sehr schwer, ein Unternehmen zu verkaufen, was diese Profitabilität nicht zeigen kann.“

Dabei drängt der HTGF nicht auf einen schnellen Exit. So hat einer der Fonds eine Laufzeit von 17 Jahren – mit Verlängerungsmöglichkeit. Das heißt, das Zeitfenster, ein

Unternehmen aufzubauen, ist sehr lang. „Wir drängen überhaupt nicht auf einen Exit nach drei bis fünf Jahren. Allerdings wünschen sich viele Gründer jenseits der zehn Jahre den Exit.“ Denn Gründer durchlaufen unterschiedliche Phasen, für die sie verschiedene Kompetenzen mitbringen müssen. „Es gibt zum Beispiel Gründer wie Bill Gates, die in die Phasen reinwachsen und groß werden. Allerdings können sich Unternehmen auch schneller entwickeln als ihre Gründer. Wir haben ein paar Fälle, in denen Gründer sagten, dass sie jemanden brauchen, der sie für die nächste Phase ergänzt. Das ist natürlich der beste Fall. Manchmal aber muss es lange knirschen, bis der Gründer sich der Veränderung stellt.“ Nicht immer klappt diese Entwicklung; dann bleiben Unternehmen klein und kommen nicht in die nächste Phase. „Es ist nicht selten, dass Unternehmen das Potenzial haben, es aber trotzdem nicht schaffen. Wir haben bei HGTF in den letzten 14 Jahren alles erlebt.“ Dabei verfügt HGTF nicht nur über sehr viel Erfahrungen und Know-how, sondern auch über Kontakte zu anderen Gründern. Und nicht nur das, sie besitzen zudem ein Finanzierungsnetzwerk aus über 1.300 verschiedenen Investoren, die bereits bei HTGF investiert haben. „Wir können die Türen für Anschlussfinanzierungen sehr leicht und schnell öffnen. Und auch das Know-how aus Beiräten, Beratern, Business Angels, Geschäftsführern usw. steht HGTF und seinen Start-ups zur Verfügung. Die Stärke liegt in unserem Team.“

Im Zeitalter der Digitalisierung mit ihren Algorithmen und ihrer künstlichen Intelligenz hat vor allem der Vertrieb eine zentrale Bedeutung. Daher achtet der HTGF bei Start-ups darauf, ob sie über eine Vertriebskompetenz verfügen. „In der

Seed-Phase ist es natürlich schwierig, denn da gibt es in der Regel keine Sales. Wir differenzieren hier und versuchen im Pitch einzuschätzen, ob ein Gründer überzeugen und sein Team und Produkt gut verkaufen kann.“ Nicht selten unterschätzen Gründer am Anfang die Themen Sales und Marketing. Bei Gründern aus dem Technologiesektor kommt erschwerend hinzu, dass ihr Fokus häufig auf der Technik liegt, die Bereiche Sales und Marketing daher vernachlässigt werden.

“ Wir stellen unser Licht viel zu sehr unter den Scheffel“

„Es wird immer gesagt, die Amerikaner können besser verkaufen als die Deutschen. Schaut man sich allerdings die Handelsbilanz zwischen Deutschland und Amerika an, ist die für Deutschland sehr positiv. Wir stellen unser Licht also viel zu sehr unter den Scheffel. Was wir in unserem Portfolio sehen und mit harten Daten belegen können, ist die Tatsache, dass es sehr viel schwieriger ist, in Deutschland zu verkaufen als beispielsweise im angelsächsischen Ausland. Die Verbraucher, Business- und Government-Kunden in Deutschland sind sehr viel skeptischer, zögerlicher, unsicherer und weniger entscheidungsfreudig. Ein sehr kritischer Aspekt, denn dadurch zieht es viele Unternehmen schneller ins Ausland. Es gibt kleine deutsche Unternehmen, die machen 80 Prozent ihres Millionenumsatzes in den USA und nur 20 Prozent in Deutschland – was eigentlich total unlogisch ist.“

Zu Sales gehört aber nicht nur der Verkauf. Es geht auch darum, sein Gegenüber zu verstehen und sein Produkt passend anzubieten. „Gründer müssen nicht nur Umsatz machen, sondern ihr Unternehmen auch an Investoren und neue

Mitarbeiter – irgendwann vielleicht auch noch an einen Käufer – verkaufen können. Die Kompetenz verkaufen zu können, ist für Gründer daher ein sehr wichtiger Aspekt. „Bei uns hat mal ein Hardcore-Techy gepitcht und hat einen Gag nach dem anderen gerissen. Der hat uns alle dermaßen zum Lachen gebracht, dass er auch hätte Comedian werden können. Etwas, was man von einem trockenen, analytischen Menschen nicht erwartet. Es stellte sich dann auch heraus, dass er zusätzlich zur Technik ein extrem begnadeter Verkäufer war. Mittlerweile ist das Unternehmen im zweistelligen Millionenbereich und im Exit-Prozess."

„Ein Klassiker ist Streit"

Allerdings wird nicht aus jedem Start-up ein erfolgreiches Unternehmen. Die Gründe für das Scheitern sind dabei vielfältig. „Ein Klassiker ist Streit. Dabei ist das Streiten wichtig. Man muss sich auseinandersetzen und konfliktäre Positionen austauschen können. Der entscheidende Punkt dabei ist, wieder zusammenzukommen. Das heißt, Gründer müssen sich einigen und an einem Strang ziehen, um gemeinsam konstruktiv voranzukommen." Ein großer Fehler ist, wenn Gründer dabei die Sachebene verlassen und auf die persönliche Ebene kommen. Ein Erlebnis, was von Frankenberg sehr im Gedächtnis geblieben ist, ist eine Auseinandersetzung zwischen drei Gründern, die für ihr Start-up einen Preis bekamen. Wochenlang stritten die Gründer miteinander, wer bei der Preisverleihung auf die Bühne gehen und den Preis in Empfang nehmen sollte. Infolge dessen zerfiel das Gründerteam. „Sicher gab es zwischen ihnen noch andere Themen, der berühmte Tropfen aber war die Preisverleihung.

„Kommt es in einem unserer Gründerteams zur Auseinandersetzung, schalten wir uns schon ein“

Der beste Streitschlichter ist das Feierabendbier, denn es ist wichtig, aus der Situation herauszugehen. „Kommt es in einem unserer Gründerteams zur Auseinandersetzung, schalten wir uns schon ein und gehen erst wieder, wenn wir uns geeinigt haben.“ Dabei kann auch die Hilfe von außen in Form eines Mediators sinnvoll sein, der die tiefen Verletzungen aufdecken und im besten Fall lösen kann. „Kommt man aber gar nicht zusammen, muss man sich am Ende trennen. Wir hatten neulich so einen Fall: Gründer, Business Angels und wir sind nicht zusammenkommen. Als Konsequenz haben wir unsere Anteile zum gleichen Preis zurückverkauft.“ Ein weiterer Grund, warum Start-ups scheitern ist, wenn sie ihren Vorteil nicht behalten und ausbauen. Sind Gründer plötzlich mit Themen wie Mitarbeitersuche, dem Aufbau von Vertriebswegen usw. beschäftigt, lässt häufig die Innovation nach.

Und obwohl Teams mit Frauen eine bessere Performance haben, gibt es aktuell nur etwa acht Prozent Gründerinnen. „Frauen, die in technologieorientierten Branchen gründen, zählen noch immer zu den absoluten Exoten. Dabei sehen wir ein balanciertes Risikoprofil, wenn Frauen im Gründerteam sind. Denn während Männer forscher sind, haben Frauen tendenziell einen Blick auf die Risiken und sind einen Tick vorsichtiger. In der Kombination passt es daher sehr gut.“ Ein Grund ist unter anderem der geringe Anteil von Frauen in den

MINT-Fächern Mathematik, Informatik, Naturwissenschaften und Technik.

„Etwas, was in den USA anders ist. Mitte der 1990er-Jahre zum Beispiel war der Frauenanteil der Beraterinnen bei Amazon bereits sehr hoch. Auch der Frauenanteil bei technischen Studiengängen war seinerzeit in den USA bei bis zu 40 Prozent." Um das technische Interesse so früh wie möglich zu wecken, muss daher die Bildung in Deutschland digitaler werden. „In den letzten 40 Jahren hat sich an den Schulen nicht viel verändert. Und obwohl die Kids unglaublich IT-affin sind, beherrschen viele weder Word noch Excel – von ersten Programmierkenntnissen ganz zu schweigen. Daher brauchen wir mehr Bildungsangebote, die Kids spielerisch an die Technik heranführen sowie mehr Überzeugung und Begeisterung auf Seiten der Lehrer." Auch hapert es an Themen wie Empathie, Kommunikation, Teaming – was im Zuge der Digitalisierung immer wichtiger wird. „Es ist falsch, die Kleinen mit Programmen zu zwingen. Es ist aber richtig, diese Angebote früh anzubieten. Denn die großen Erfolge schaffen Gründer zwischen 19 und 25 Jahren. Damit ich mit 19 Jahren allerdings solche Entwicklungen kreieren kann, muss ich früh anfangen. Denn Top-Talente können sich nur entwickeln, wenn sie schon früh Möglichkeiten haben."

Als der HTGF 2005 anfing, gab es nicht viel. Deshalb ist der Fonds auch entstanden. Mittlerweile hat die deutsche Start-up-Szene aber enorm aufgeholt. Es gibt sehr viele Gründer und Investoren sowie große Finanzierungsrunden und vermehrt Börsengänge. „Ein großes Problem stellen allerdings Unternehmen wie zum Beispiel Facebook mit ihrem 450-

Milliarden-Dollar-Wert dar – ein Wert, der höher ist als alle deutschen Start-ups und SAP zusammen.“ Allerdings ist es nicht nur eine Perspektive des Wertes, sondern vor allem auch ein Ökosystem-Thema. „Um Facebook herum entstehen sehr große Ökosysteme, sodass aus dem Unternehmen eine Krypto-Community, Krypto-Börse oder Ähnliches entsteht. Um hier nicht abgehängt zu werden, muss es uns in Deutschland gelingen, große Unternehmen im dreistelligen Milliardenbereich zu etablieren, die ebenfalls große Ökosysteme um sich herum schaffen.“

„In Deutschland tun wir uns schwer mit der Private-Equity-Finanzierung“

Eine Voraussetzung dafür sind unabhängige Unternehmen. Doch durch die Digitalisierung verändern sich die wirtschaftlichen Rahmenbedingungen in einem rasanten Tempo. Um mit dieser schnelllebigen Zeit nicht nur Schritt halten, sondern auch weiter wachsen zu können, brauchen Unternehmen frisches Kapital, was sie sich über einen Börsengang beschaffen können. „In Deutschland tun wir uns schwer mit der Private-Equity-Finanzierung. Damit mehr Geld in den Private-Equity-Bereich gelenkt wird, sollte die Politik mit entsprechenden Maßnahmen unterstützen, damit die Anreize nicht mehr bei Lebensversicherungen und Staatsanleihen liegen. Wir müssen aufpassen, dass wir nicht abgehängt werden. Zalando zum Beispiel steht aktuell bei einem niedrigen zweistelligen Milliardenbetrag, was im internationalen Vergleich einfach viel zu wenig ist.“

Die Entwicklung neuer Technologien stellt viele Innovationsabteilungen von Corporates vor große Herausforderungen.

Eine Möglichkeit, hier Schritt halten zu können, ist die Zusammenarbeit mit Start-ups – eine Win-win-Situation für beide Seiten. „Im ersten Fonds haben sechs Corporates investiert, im dritten Fonds sind es bereits 32 mit einem Investitionsvolumen von über 106 Millionen Euro. Neben der Rendite sind Corporates aber vor allem am inhaltlichen Impact interessiert." Daher sind Entwicklungskooperationen der Schlüssel zum Erfolg. Dazu gehören neben dem informellen Austausch, von dem Start-ups sehr profitieren, auch das Einbetten von Produkten in das Portfolio von Corporates, von dem sie wiederum stark profitieren.

„Wird es für Corporates strategisch, fahren sie ihre Krallen aus"

Und während das große Vertriebsnetz vieler Corporates für Start-ups ein wichtiger Hebel ist, zeigen sie Corporates beim Thema Kultur, wie neue Wege zu beschreiten sind. „Was jedoch nicht kompatibel ist, sind die Prozesszyklen. Während Start-ups agil arbeiten, dauern Prozesse bei Corporates gleich mehrere Monate. Ein weiterer Zyklus, der problematisch ist, sind die Zahlungsrhythmen: Corporates haben nicht selten einen Zahlungszyklus von bis zu 180 Tagen. Eine kritische Situation für Start-ups, denn die benötigen in der Regel ihr Geld früher. Daher sagen wir immer: ‚Wenn ihr den Start-ups etwas Gutes tun wollt, dann zahlt nach fünf Tagen.' Eine weitere Hürde bei der Zusammenarbeit stellt das Thema Vertragswerk dar. Das Erstellen einer simplen Lieferantennummer, ohne die die Zusammenarbeit nicht starten kann, kann bei Corporates bis zu sechs Monate dauern. Und wird es für Corporates strategisch, fahren sie in der Regel ihre Krallen aus. Alles große Herausforderungen für Start-ups."

Als Land der Dichter und Denker mit angesehenen Unternehmen wie Siemens, Lufthansa, Bosch & Co. ist Deutschland erfolgreich bei dem, was es macht. „Wir müssen allerdings auch so weitermachen, damit es weiterläuft. Daher appelliere ich an Politik, Investoren, Gründer und Unter-nehmen: Think Big! Und greift bei Gelegenheiten, die groß werden können, auch zu – auch wenn es dafür sehr viel Mumm sowie Skills, Fundraising und viel harte Arbeit braucht. Denn wenn wir es nicht schaffen, die 100-Milliarden-Unternehmen in Deutschland hervorzubringen, werden die großen Ökosysteme bei uns nicht stattfinden. Das heißt, die 100-Millionen-, 500-Millionen- und 1-Milliarde-Exits absagen und die Dinge richtig, richtig groß machen. Wenn wir das nicht schaffen, werden wir abgehängt."

Mehr über Alexander von Frankenberg sowie Links zu den verschiedenen ChangeRider-Formaten gibt es hier: http://people.changerider.com/afrankenberg

DANIEL JUNG
„WIR MÜSSEN UNSER VERHALTEN, WIE WIR ARBEITEN UND LERNEN, UMSTELLEN“

Daniel Jung ist einer der erfolgreichsten deutschen YouTuber im Bildungssektor. Seit 2011 lädt der gebürtige Remscheider jede Woche Mathetutorials auf YouTube hoch – mit einer enormen Reichweite und einem Abonnentenstamm von über 500.000 Nutzern. Jungs Begeisterung für die Mathematik beginnt bereits während der Schulzeit. Damit beschäftigt hieß seinerzeit, ab in den Bus und im katastrophalen Ordnungssystem der Bücherei ein Buch suchen – ein zeitaufreibendes Unterfangen. Auch weil die Bücher ihn am Ende nicht weiterbringen. Mit ein Grund, warum sich Jung entscheidet, kurze Mathematik-Erklärvideos kostenlos auf YouTube anzubieten.

Seine „erste“ Karriere startet Daniel Jung auf dem Tennisplatz. „Von 1997 bis 2006 leitete ich Tenniscamps mit bis zu 50 Kids im Alter von fünf bis 18 Jahren. Dabei ergab sich, dass ich die Kids auch in Mathe unterstützte.“ Er stellt fest, dass sowohl die tolle Umgebung als auch das Teamwork einen sehr großen Einfluss auf den Lernerfolg haben. Seine Begeisterung für Tennis und Mathe führt schließlich dazu, dass Jung mit einem Mathematik- und Sport-Studium beginnt. Im Mathematik-Studium jedoch passiert der Klassiker: Der Professor kommt in den Hörsaal, schreibt innerhalb weniger Minuten die Tafeln mit Formeln voll – und keiner kann ihm folgen. Durch Zufall entdeckt Jung damals im Internet Vorlesungen von Gilbert Strang und ist völlig baff. „Strang fegte über die Tafel und schaffte es, durch seine Passion für Mathematik zu begeistern. Ich lernte in dem Video mehr von ihm als von meinem Professor an der Uni." Und auch wenn Deutschland nicht gerade für seine Testbereitschaft bekannt ist, kauft Jung sich daraufhin eine Kamera, stellt sich vor die weiße Tafel, erklärt Mathe und zeichnet sich dabei auf. „Ich produzierte einige Videos mit kleinen thematischen Einheiten von etwa sechs Minuten und stellte sie auf YouTube. Was mir damals noch nicht bewusst war: Die Lernphysiologie besagt, dass kleine Einheiten als Ergänzung das große Ganze besser verständlich machen."

"Wir müssen unser Verhalten, wie wir arbeiten und lernen, umstellen"

Und der Erfolg gibt ihm recht: Über 180 Millionen haben bisher seine Videos angeschaut. 100 Millionen sind dabei erst in den letzten 1,5 Jahren dazugekommen. „Wir müssen unser Verhalten, wie wir arbeiten und lernen, umstellen. Wir können uns Wissen nicht mehr eintrichtern, sondern müssen die Dinge verstehen, hinterfragen und diskutieren. Videos allein sind aber nicht das Allheilmittel. Die wahre Magie passiert erst, wenn dich einer abholt, inspiriert und dir einen Impuls gibt." Es geht also nicht darum, nur noch digital zu lernen, sondern durch digitalisierten Content das Lernen zu individualisieren. „Wir stehen im Bildungsbereich vor einem enormen Umbruch. Der große Wandel in Schule und Universität müssen dementsprechend Lehrer und Professoren sein, die eine Passion haben und das Feuer entfachen. So nämlich erreichen Lehrer und Professoren bestmöglich ihre Schüler und Studenten. Das Video als Zugang spielt dabei eine große Rolle."

„Die wertvollste Firma weltweit wird 2030 eine Online-Education-Firma sein"

Fokussieren wir uns jetzt in Deutschland auf das Thema Bildung, haben wir die größte Chance, weltweit der Standard zu werden. Allerdings werden die finanziellen Mittel aktuell im Gießkannenverfahren verteilt. Eine nachhaltige Strategie fehlt dabei. „Je mehr wir hier erreichen, desto größer ist die Wahrscheinlichkeit, einen Elon Musk oder Mark Zuckerberg in Deutschland zu finden. Eine Studie zum Beispiel besagt, dass die wertvollste Firma weltweit 2030 eine Online-Education-Firma ist. Dabei heißt Online Education nicht, dass das Portfolio ausschließlich online ist. WeWork bzw. The We Company (Unternehmenswert: 47 Milliarden US-Dollar) hat WeGrow, ein Projekt speziell für Kids, gestartet. Dabei geht es nicht nur um digitalen Content, sondern auch darum, wie man vor Ort zusammenkommt. Und da verfügt WeWork über Räumlichkeiten, wo Mitarbeiter ihre Kids hinbringen können." Noch existiert in Deutschland die Schulpflicht. Doch hätte man die Wahl zwischen der Regelschule, wie wir sie heute kennen, und einem WeWork-Space, in dem Kinder sich anhand neuer Lernmethoden und -formen entwickeln, würde sich die Bildungsreform in Deutschland schneller entwickeln.

„Amazon baut in den USA Kindergärten, Apple arbeitet an Universitäten an neuen Strukturen. Ich frage mich, wo testen und entwickeln wir in Deutschland?"

„Ein großes Problem ist das dezentrale Bildungssystem mit den 16 Kultusministern"

Das Problem ist, Bildung ist das letzte hohe Gut. In der Bildung neue Dinge auszuprobieren, wird daher in Deutschland als schwierig angesehen. „Ein großes Problem ist das dezentrale Bildungssystem mit den 16 Kultusministern. Überspitzt gesagt: Alte, weiße Männer ohne Veränderungswillen treffen an Tischen Entscheidungen. Hier ist eine Veränderung meiner Meinung nach nicht möglich – nur Test- und Spielwiesen von außen würden es hinbekommen. Damit meine ich aber nicht, ein Paralleluniversum aufzubauen. Es geht darum, die neuen Möglichkeiten mit unserem bestehenden System zu verknüpfen." Eine Taskforce, die sich zweimal im Jahr trifft, wäre dabei allerdings kontraproduktiv. Vielmehr geht es darum, permanent zu interagieren, zu testen. „Aktuell fehlt es an einem Grundverständnis, was Lernen, was Bildung überhaupt ist. Warum definieren wir nicht, was Schule eigentlich ist, und bauen dann eine Pilotschule auf?"

Lehrer agieren in diesem System, weil das System es so von ihnen erwartet. An Universitäten aber, wo keine Präsenzpflicht herrscht, läuft es mittlerweile anders ab. „Studenten schreiben mir, dass sie nicht mehr in die Vorlesungen gehen müssen, sondern anhand meiner Videos und mit Kommilitonen lernen, und so ihre Prüfungen bestehen. Es ist also völlig obsolet, dem Frontalunterricht zu folgen." Die Frage ist demnach nicht, wie und mit welchen technischen Möglichkeiten wir lernen wollen, sondern, wer von den Lehrkräften überhaupt fähig ist, die neuen Möglichkeiten didaktisch zu nutzen? „Der letzte wirklich große Umbruch in der Bildung war der Buchdruck, mit dem Wissen einer breiten Masse zugänglich wurde. Durch die technischen Möglichkeiten steht jetzt wieder ein dramatischer Umbruch an.“ Eine Entwicklung, die vor allem für Kleinkinder relevant ist, denn es gibt Studien, die belegen, dass sich technische Geräte wie Tablets mit Bewegtbildern negativ auf die Kreativität, Aufmerksamkeitsspanne, Geduld und Empathie von Kleinkindern auswirkcn. „Digitale Geräte bringen tolle Möglichkeiten mit sich. Trotzdem ist es wichtig, Kleinkindern den gesunden Umgang damit beizubringen. Das betrifft allerdings auch Unternehmen, die zum x-ten Mal einen Design-Thinking-Day veranstalten. Viel sinnvoller ist, Mitarbeiter einfach mal ohne Geräte rauszuschicken. Steve Jobs beispielsweise kam die besten Ideen, wenn er mit seinen Leuten spazieren gegangen ist.“

„Lernen in kleinen Einheiten hilft, Wissenslücken zu schließen“

Deshalb konzentriert sich Jung auf das Lern-Ecosystem, was weder online noch offline stattfindet, sondern beides permanent zur Verfügung stellt. „Lernen in kleinen Einheiten beispielsweise hilft dabei, Wissenslücken zu schließen. Gerade in der Mathematik braucht es manchmal nur die Wissenslücke zu schließen, um letztlich das große Ganze zu verstehen. Für Unternehmen können Erklärvideos in kleinen Einheiten als Ergänzung für Mitarbeiterschulungen, Aus- und Weiterbildungen, Sicherheitsgesetze etc. hilfreich sein. Denn das Video hat den Vorteil, du siehst etwas, du hörst es, du bekommst es erklärt, du kannst es pausieren – und am Ende im Job anwenden."

„Die langfristige Frage, die ich klären muss, ist, auf welche finanzielle Basis ich die Plattform stelle"

Und weil Nutzer nicht nur Videos konsumieren, sondern auch Fragen haben, hat Jung die Community #Letsrockmathe (letsrockmathe.de) gegründet, die Menschen zusammenbringt, die sich gegenseitig unterstützen wollen. „Helfen sich Schüler und Studenten gegenseitig und diskutieren Fragen, ist der Effekt der Lernpyramide extrem groß, denn man lernt durch das Erklären." Dabei hat Jung das Ziel, eine Plattform made in Germany zu schaffen, bei der er der Bildungsingenieur ist. Wichtig für ihn ist, herauszufinden, wie die Hilfe konkret aussieht und in welcher Form Videos (auch anderer Anbieter) eingesetzt werden. Dafür setzt die Plattform auch auf Rückmeldungen der User. „Salman Khan, ein großer Vorreiter aus den USA, hat genauso angefangen wie ich – nur fünf Jahre früher. Unterstützt wird er von der Bill & Melinda Gates Foundation und Google. Ich hatte zwar mal ein Angebot von einem Konzern. Der wollte die Videos jedoch vom freien Markt nehmen. Dieser Weg war und ist für mich allerdings keine Option. Denn ich sehe die Zukunft nicht im Verkauf von Content. Daher habe ich mich vor fünf Jahren entschieden, dass ich alles, was ich habe, in meine Zukunftsvision von Bildung investiere. Die langfristige Frage, die ich klären muss, ist, auf welche finanzielle Basis ich die Plattform stelle."

Kritiker führen immer das Thema Glaubwürdigkeit an: Woher weiß der User, dass das richtig ist, was er im Internet findet? „Hat jemand eine hohe Reichweite sowie eine hohe positive

Quote, ist eine Verifizierung da. Daher sind Zertifizierungen, wie sie heute erfolgen, nicht mehr zeitgemäß. Wer heute einen Bachelor in drei Jahren anstrebt, geht doch nicht mit aktuellem Wissen von der Uni ab. Im Laufe der drei Jahre dreht sich das Rad doch weiter. Deshalb vergibt die größte Online-Universität Udacity beispielsweise Nanodegrees: Wer sich in einem Bereich weiterbilden möchte, ist dort gut aufgehoben. Denn effektiv sind der Mix aus On- und Offline-Lernen in Form von Videos und Abfragerunden sowie das Anwenden im Job."

„Mir fehlt bei allen Diskussionen der Aspekt, was KI überhaupt ist"

Alle sind sich einig: Der Wandel ist in vollem Gange und verändert die Welt, in der wir leben. Beim Thema Künstliche Intelligenz (KI) jedoch gehen die Meinungen weit auseinander. Doch ohne sie wird in absehbarer Zukunft nichts mehr gehen. „Mir fehlt bei allen Diskussionen der Aspekt, was KI überhaupt ist. Denn nur wenn man versteht, was dahintersteckt, versteht man auch, dass KI die neue Elektrizität ist. Sie wird alles ändern. Es geht nicht darum, dass sie uns Menschen zu einem perfekten Wissensspeicher macht, sondern dass dadurch gewisse Dinge überflüssig werden.

Beim Thema Deep Learning ist in den letzten zwei Jahren der Durchbruch erfolgt: Enorme Mengen an Daten können mittlerweile mit günstig verfügbaren Speichermedien so analysiert werden, dass daraus zu verarbeitende Informationen zu generieren sind. „Eine Veränderung, die seit 2006/07 exponentiell erfolgt und einen Wandel mit sich bringt, den viele noch nicht greifen können. Die Entwicklung in den nächsten zehn Jahren wird aufgrund der exponentiellen

Entwicklung unbeschreiblich sein. Um KI-Weltmeister zu werden, brauchen wir dieses Wissen. Dafür müssen wir aber erst einmal verstehen, was passiert und wie wir einen Change im Mindset erreichen können. Wir müssen uns darauf einstellen, dass immer mehr Dinge in immer kürzeren Zeitabständen zeitgleich passieren. Daher sollte jeder mutig und risikobereit sein, Dinge auszutesten – mit dem Wissen, auch zu scheitern.“

Gescheitert ist Jung bereits im großen Stil. Vor einiger Zeit erwarb er eine Immobilie, um das Kindergarten-Prinzip auf Schule, Uni und Unternehmen zu projizieren. Diesen Lern-Hub wollte er von Schulen, Unis und Unternehmen durch die Teilnahme finanzieren lassen. „Das ist völlig in die Hose gegangen und hat mich fast den Kopf gekostet. Daher rate ich allen: Nicht zu groß scheitern! Dennoch geht es darum, dass jeder die Zukunft mitgestaltet.“

Mehr über Daniel Jung sowie Links zu den verschiedenen ChangeRider-Formaten gibt es hier: http://people.changerider.com/djung

THOMAS BACHEM
„DAS GESAMTE DIDAKTISCHE MODELL IN SCHULEN IST STARK VERBESSERUNGSWÜRDIG“

Mit 12 Jahren bringt sich Thomas Bachem aus der Begeisterung für Computer heraus das Programmieren bei; und ist seit früher Jugend Softwareentwickler, auch für Unternehmen. Weil ihm die Informatikstudiengänge zu theoretisch und mathelastig sind, landet er an einer Business School, die ihm vor allem wegen ihrer Praxisnähe anspricht; sowie wesentlich kleiner und persönlicher als eine staatliche Hochschule ist. Als Kanzler und Gründer der staatlich anerkannten CODE University of Applied Sciences in Berlin, und als Investor sowie Business Angel hat er einen weitreichenden Blick auf die Digitalisierung und kann als Serial Entrepreneur bezeichnet werden.

Bereits während seines Hochschulstudiums fragt Thomas Bachem sich, warum es eigentlich so viele private Business Schools für Betriebswirtschaftslehre gibt, aber keine Tech-Schools. Und auch wenn es sich aus der eigenen Erfahrung heraus für ihn natürlich anfühlt, eine Hochschule zu gründen, baut er erst einmal eine Reihe Start-ups auf. Im Hinterkopf aber bleibt die Gründungsidee einer Hochschule. Immer mehr zu denken geben Bachem im Laufe der Zeit die Gespräche mit Entwicklern und Designern, die alle betonten, ihr Wissen nicht an der Hochschule erworben, sondern autodidaktisch angeeignet zu haben. Parallel dazu tauscht er sich mit anderen Unternehmern über die Idee einer Hochschulgründung aus – und erhält sehr viel positives Feedback. Durch diesen Zuspruch und das Kennenlernen der beiden anderen Universitätsgründer Manuel Dolderer und Jonathan Rüth wird seine Idee Stück für Stück greifbarer. Für die Finanzierung der Hochschule holen die Gründer 25 Internetunternehmer wie Rolf Schrömgens von trivago, Florian Heinemann von Project A, Verena Pausder von der HABA Digitalwerkstatt und von Startup Teens, die bekannt dafür sind, große Investments zu tätigen, ins Boot. „Die waren aber nicht nur aus finanziellen Gründen wichtig, sondern auch als Signal dafür, dass die Hochschule aus der Mitte der Start-up-Szene kommt. Ferner helfen gute Namen, Vertrauen aufzubauen, was auch gegenüber Akkreditierungsbehörden wichtig ist.“

“Von der Idee bis zur Anerkennung als staatliche Hochschule dauerte es eineinhalb Jahre“

Weil die Gründer von Anfang an ein innovatives Konzept aufsetzen wollen, sind die größten Hürden die staatliche Anerkennung und Akkreditierung als neue Hochschule sowie die Restriktionen und Einschränkungen, die ihnen auferlegt werden. „Von der Idee bis zur Anerkennung als staatliche Hochschule dauerte es eineinhalb Jahre. Denn der Prozess läuft einerseits über das Bundesland, in unserem Fall Berlin, und andererseits über den Wissenschaftsrat, der für die Konzeptprüfung zuständig ist. Das heißt, wir haben einen 150 Seiten starken Antrag in achtfacher Ausführung eingereicht, der zehn Monate von einem Expertengremium aus Professoren anderer Hochschulen bewertet wurde. Ferner erfolgte innerhalb dieser Zeit eine zweistündige Anhörung."

„Wir konnten mit einem gänzlich neuen Konzept glaubhaft darstellen, dass wir aus der Mitte der Start-up-Szene gründen"

Im Juli 2017 ist es dann so weit: Die CODE erhält die staatliche Anerkennung, die Hochschule öffnet im Oktober 2017 ihre Türen. Damit das erste Semester überhaupt so zeitnah starten konnte, rührten die Gründer vorab nicht nur ordentlich die Marketingtrommel. Sie warben auch frühzeitig Studenten an – mit einer Klausel im Vertrag, die den Vertragsrücktritt im Falle der erfolglosen staatlichen Anerkennung ermöglichte. „Wir konnten mit einem gänzlich neuen Konzept glaubhaft darstellen, dass wir aus der Mitte der Start-up-Szene gründen und hatten daher trotz der unsicheren Situation 88 Bewerbungen." Mittlerweile haben weitere 150 Studierende ihr englischsprachiges Studium an der CODE begonnen, womit jetzt über 230 Studenten in den Studiengängen Software Engineering, Interaktionsdesign sowie Digitales Produktmanagement studieren.

Infolge der gründungswilligen CODE-Studierenden steht Bachem unfreiwillig im Wettbewerb mit den Business Schools. „Viele unserer Studenten strebten ursprünglich ein Studium an einer der klassischen Business Schools an. Aufgrund unseres technischen Fokus und dem Standort Berlin, mitten in der Start-up-Szene, entschieden sie sich jedoch für uns." Mitten in der Start-up-Szene heißt in der Factory Berlin, wo die Nähe zu Corporates und Start-ups gewährleistet ist. Und weil das Thema Entrepreneurship an der Hochschule allgegenwärtig ist, macht es für die CODE langfristig auch Sinn, mit den klassischen Business Schools zu kooperieren und die Studenten miteinander zu vernetzen.

„Das didaktische Modell der klassischen Hochschulen ist in der Regel sehr simpel"

Bachem selbst merkt sehr früh, dass es nicht nur darum geht, was gelehrt wird, sondern auch wie gelernt wird. „Das didaktische Modell der klassischen Hochschulen ist in der Regel sehr simpel: Es gibt Vorlesungen, in die sich Studenten setzen, zuhören und mitschreiben. Es werden Klausuren geschrieben; und am Ende winkt der Abschluss. Ich habe autodidaktisch gelernt." Das heißt, er hat erst ein Interesse für etwas entwickelt und sich dann spielerisch herangewagt – was Kindern und Jugendlichen mehr liegt als Erwachsenen. „So habe ich mich auch am Computer ausprobiert: Ohne richtig zu wissen, was ich tue, habe ich trotzdem Resultate geschaffen. Erst dann habe ich mich über Jahre hinweg mit der Theorie beschäftigt. Meiner Meinung nach lernen wir genau so richtig. Unser Bildungssystem aber stellt das auf den Kopf. Erst lernen wir die Grundlagen, die Theorie, um dann Jahre später das Programmieren zu beherrschen. Das ist in meinen Augen totaler Unfug. So nämlich speichern wir Wissen nicht ab, sondern vergessen es nach Klausuren und Prüfungen wieder." Die CODE bietet daher ein projektbasiertes Studium, wo die Studierenden in interdisziplinären Teams an Praxisprojekten lernen und arbeiten – das theoretische Wissen dazu wird parallel vermittelt. „So sollte meiner Meinung nach auch an Schulen gelehrt und gelernt werden. Deshalb sollten auch Fächergrenzen weichen und Themen aus umfassender biologischer, mathematischer, geschichtlicher etc. Sicht betrachtet werden. Denn das ist die Welt, in der wir leben. Das gesamte didaktische Modell in Schulen ist stark verbesserungswürdig. Allerdings bin ich sehr ratlos, wie wir hier eine Veränderung hinbekommen wollen." Wahrscheinlich funktioniert es nur über private Initiativen und Schulen, die vormachen, wie es geht – um so staatliche Einrichtungen zu inspirieren, es ihnen gleichzutun.

"In vielen jungen Menschen schlummert sehr viel Potenzial, was allerdings viel zu wenig genutzt wird"

Dabei hat Bachem CODE nicht aus finanziellen Gründen gegründet, sondern um möglichst viel Impact zu haben und Deutschland bei der Digitalisierung zu unterstützen. Auch fasziniert ihn das Potenzial junger Menschen. „Ich selbst war immer der Jüngste und wurde dementsprechend oft nicht ernst genommen. Dabei schlummert in vielen jungen Menschen sehr viel Potenzial, was allerdings viel zu wenig genutzt wird." Wird Bachem nach dem Ziel der CODE gefragt, plant er eher ein kleines europäisches Stanford als eine Massenabfertigung für Coder – obwohl Letzteres aus wirtschaftlichen Gründen wesentlich lukrativer wäre. Darum geht es den Gründern aber nicht. Sie wollen vielmehr eine exzellente und angesehene Hochschule aufbauen, die Studierende weiterbringt. „Üblich ist bei Existenzgründen ja, das eine Finanzierungsrunde die nächste jagt. Im Vergleich dazu sind wir bei der Hochschule extrem beweglich und können hier Schritt für Schritt Aufbauarbeit leisten. Deshalb finanzieren wir uns über Studiengebühren und Unternehmenspartnerschaften, was sehr viel früher bereits zu hohen Umsätzen führt – und es dementsprechend solider planbar ist, wo die Reise hingeht.“

„Unser Frauenanteil ist zwar besser als bei klassischen Informatikstudiengängen. Allerdings ist auch zu niedrig“

Planen tut CODE in zwei, drei Jahren mit mindestens 600 Studierenden. Wie von dem Zeitpunkt an das qualitative Niveau zu erhalten und das Business zu skalieren ist, kann Bachem noch nicht vorhersagen. „Natürlich will ich als Unternehmer Impact haben. Daher fällt es schwer, zu vielen Bewerbern abzusagen. Auf die aktuell 150 Studierenden kamen bereits 3.000 Bewerbungen. Mit der Zunahme von Studierenden wird es allerdings immer schwerer, das Persönliche, was uns jetzt ausmacht, aufrechtzuerhalten.“

Dazu gehört auch, den Frauenanteil unter den Studierenden zu steigern. „Unser Frauenanteil ist zwar besser als bei klassischen Informatikstudiengängen. Allerdings ist auch bei uns das Verhältnis mit 80:20 zu niedrig – weit entfernt von dem, was wir gerne hätten.“ Jedoch haben die Gründer nicht viele Möglichkeiten, den enorm zu steigern. Denn wenn junge Frauen sich nicht in ihrer Jugend für das Thema begeistern – und das passiert ja meistens, weil es als Mädchen unüblich ist, sich mit Coding zu beschäftigen –, ist es mit 18, 19 Jahren meist zu spät. Denn dann fühlen sie sich abgehängt. „Deshalb haben wir die gemeinnützige ‚Code+Design Initiative‘ gegründet und veranstalten in den Schulferien Hackathons und

Programmiercamps. Hier haben wir bereits einen Anteil von 60:40, was uns sehr hoffen lässt."

Wer erfolgreich gründen möchte, sollte die Fähigkeit besitzen, sich anpassen zu können und lernen zu wollen – und das ständig. Damit einhergehend brauchen Gründer ein gewisses Durchhaltevermögen, denn es gilt, nicht aufzugeben, sondern es immer wieder zu probieren. Deshalb sind gerade in den ersten Jahren eines Start-ups die vielen ersten Schritte als Lernerfahrung anzusehen. „Ich sage meinen Mitarbeitern immer, macht einfach und probiert es aus. Ist der Weg falsch, machen wir es das nächste Mal einfach anders. Ein beliebtes Prinzip von mir ist daher auch: Do Things That Don't Scale. Das heißt, herumzuexperiementieren, auch wenn allen klar ist, dass man es nicht skalieren kann. Sinnvoll ist nicht, viel Geld und Zeit zu investieren, um am Ende zu merken, es funktioniert nicht. Sondern erst einmal herauszufinden, ob es überhaupt klappt."

„Wer bereits Erfolg hatte, hält sich manchmal für smarter als andere und meint genau zu wissen, was der Markt will"

Oft scheitern Gründungen, wenn etwas lange und teuer entwickelt wurde, ohne es richtig validiert zu haben. So nämlich entwickeln sich Unternehmen schnell in die falsche Richtung. „Übrigens etwas, was vor allem Seriengründern droht. Wer bereits Erfolg hatte, hält sich manchmal für smarter als andere und meint genau zu wissen, was der Markt will. Ich kenne viele Unternehmer, die sich beim zweiten Mal übernommen haben." Ein weiterer wichtiger Aspekt ist der Gründungsort. Viele Gründungen in Deutschland hätten im Silicon Valley bessere Chancen. Dort gibt es nicht nur mehr

Geld, es werden auch verrückte Ideen finanziert. „Was ebenfalls nicht unterschätzt werden sollte, ist das richtige Team. Dazu gehört, als Gründer auch fähig zu sein, sich wieder schnell von Mitarbeitern zu trennen, wenn es nicht passt. Meine größten Fehler waren bisher, wenn ich mich trotz meines schlechten Gefühls nicht rechtzeitig von Mitarbeitern getrennt habe."

„Um mit YouTube mithalten zu können, hätten wir damals an die 200 Millionen Euro gebraucht"

Bachem weiß, wovon er spricht: Noch während seines Studiums an der Cologne Business School entwickelte er 2005 das Videoportal sevenload – ein sehr kapitalintensives Start-up, da der Betrieb einer solchen Plattform extrem kostenintensiv und aufwendig ist. „Obwohl wir mit sevenload 2008/09 25 Millionen Euro eingesammelt hatten, ging uns schnell der Atem aus. Um mit YouTube mithalten zu können, hätten wir damals an die 200 Millionen Euro gebraucht." Und weil sevenload Werbung in den Videoclips schaltete (YouTube fing damit erst 2011/12 an), präferierten viele Nutzer YouTube. „Wir hätten früher antizipieren müssen, dass wir in Deutschland nicht genug Geld einsammeln können und dementsprechend ein anderes Geschäftsmodell brauchen. Ferner haben wir uns zu spät von nicht passenden Mitarbeitern getrennt. Zum Problem wurde für Geldgeber auch immer wieder mein Alter, ich war damals 19 Jahre alt. Zudem fehlten mir Selbstbewusstsein und Erfahrung, mich stärker auf mich und mein Bauchgefühl zu verlassen. Stattdessen habe ich darauf geachtet, was andere sagten und meinten. Mein Learning aus dieser Zeit: Alle kochen nur mit Wasser.

Dementsprechend habe ich mittlerweile auch weder Angst noch zu viel Respekt vor großen Projekten wie der Gründung einer Hochschule."

„Am ärgsten gescheitert bin ich mit meiner Gründung nach sevenload"

Allerdings sind wir in Deutschland auch privilegiert. Richtig zu scheitern ist hier durch die diversen Sicherheitsnetze schwer. „Am ärgsten gescheitert bin ich mit meiner Gründung nach sevenload. Ich habe damals die Online-Spielefirma Fliplife gegründet. Und obwohl mir viele davon abrieten, da man dafür sehr spezifisches Wissen benötigte, wollte ich unbedingt etwas im Bereich Gaming machen. Wie erwartet lief es nicht gut und wir mussten an einem Tag die Hälfte unserer Mitarbeiter entlassen. Zum Glück konnten wir am Ende trotzdem noch das Unternehmen verkaufen, weil der Käufer genau das suchte, was wir an Softwareentwicklern und Designern zu bieten hatten. Insgesamt aber war es für uns ein Misserfolg, der mir sehr zu denken gab – vor allem meine arrogante Annahme, wenn man ein Unternehmen erfolgreich gegründet hat, läuft es so erfolgreich weiter."

Mehr durch Zufall und in seiner Freizeit entwickelte Thomas Bachem nach dieser Zeit den Online-Lebenslauf-Editor Lebenslauf.com, mit dem User sehr leicht Lebensläufe individuell erstellen können. Zum einen, weil er mal wieder coden wollte, zum anderen, weil es einen solchen Editor noch nicht gab. „Ich wurde damals aus dem Freundeskreis gefragt, ob ich beim Erstellen eines Lebenslaufs helfen kann. Eigentlich hatte ich dazu keine große Lust, wollte der Person aber gern einen Gefallen tun. Und weil ich dachte, es wird im

Netz schon irgendetwas geben, machte ich mich auf die Suche; stellte jedoch fest, das es nur Schrott gab. Und schon war die Idee geboren, so etwas zu programmieren – wenn auch in den ersten eineinhalb Jahren nur in meiner Freizeit. Als der Editor immer erfolgreicher wurde, kam Xing mit einem Kaufangebot auf mich zu."

„Nicht jedes Unternehmen in Deutschland muss digital werden"

Die Digitalisierung findet auf verschiedenen Ebenen statt: operativ ändern sich Prozesse und Strukturen, persönlich Arbeitsweisen und Haltungen. Für die erfolgreiche Veränderung von Prozessen und Strukturen, ist die persönliche Ebene entscheidend. Macht die Belegschaft nämlich nicht mit, stocken die Veränderungsprozesse. Es geht also darum, Mitarbeiter für den Wandel zu begeistern und zu aktivieren. „Dafür müssen sie von Anfang an eingebunden werden. Allerdings frage ich mich, wie man die große Menge an Mitarbeitern, die das noch nicht für sich begriffen haben, mitnehmen kann." Bachem selbst ist deswegen den „einfachen" Weg gegangen und hat etwas Neues gegründet und sich die Leute entsprechend ausgesucht. „Ich glaube aber, dass wir generell ganz gute Fortschritte machen. Auch muss nicht jedes Unternehmen in Deutschland digital werden. Es gibt Branchen, in denen sind andere Dinge wichtiger." So findet er beispielsweise problematischer, dass die großen Digitalunternehmen wie Google, Facebook, Apple, Microsoft, Amazon, Netflix, Dropbox usw. alle aus den USA kommen. Während die Amerikaner und auch die Asiaten jährlich große

Summen in immer größere Digitalunternehmen investieren, hält sich Europa zurück – ein fataler Fehler.

„Es ist wichtig, mehr Mut zum Auszuprobieren und Loszulassen zu haben. Vor allem im Bildungsbereich sollten Politik, Gesellschaft und staatliche Bildungseinrichtungen privaten Institutionen mehr Aufmerksamkeit schenken sowie ihre Angebote als Inspiration wahrnehmen. Leider lassen sie sich weder darauf ein, noch fördern sie sie. Die Kritik, dass private Anbieter teuer und elitär sind, wäre hinfällig, wenn die privaten Einrichtungen ebenfalls staatliche Förderungen erhalten würden.“

Mehr über Thomas Bachem sowie Links zu den verschiedenen ChangeRider-Formaten gibt es hier: http://people.changerider.com/tbachem

PHILIPP PAUSDER
„WIR SIND BEIM ENERGIEMARKT HEUTE DA, WO WIR BEI DER TELEKOMMUNIKATION ETWA 1997 WAREN“

Philipp Pausder, ehemaliger Basketball-Profil, startet seine Karriere bei adidas als Globaler Marketing Manager für Technologien und ist anschließend für die schwedische Strategieberatung Applied Value als Projektmanager tätig. Er hat einen MBA in Finanzierung von der IE Business School sowie einen MA in Kommunikationswissenschaft und BWL von der FU Berlin. Seit sieben Jahren ist der gebürtige Braunschweiger Co-Gründer und Geschäftsführer von Thermondo, eines der größten Handwerksbetriebe für Heizungsbau in Deutschland.

Philipp Pausder gründet im Oktober 2012 mit Florian Tetzlaff und Kristofer Fichtner Thermondo. Erstaunlich dabei ist, keiner der drei Gründer kommt überhaupt aus der Heizungsbranche. Viel Erfahrung aber haben sie mit dem Aufbau von Unternehmen. So gründeten Pausder und Tetzlaff bereits 2009 gemeinsam das Unternehmen Clean Venture, das Tech-Unternehmen in Deutschland und Schwellenländern hilft, ihre

Energieeffizienz mit gezielten Investments zu erhöhen. Als beide für Clean Venture unterwegs sind, passiert die Nuklearkatastrophe von Fukushima. Zurück in Berlin sind sie sich einig, diese Katastrophe wird die Energiewende einläuten und das Gewerk Sanitär, Heizung und Klima, mit einem jährlichen Umsatz in Deutschland von 42 Milliarden Euro, enorm verändern. „Das Segment, was wir aktuell bespielen, sind Heizungen in Ein- und Zweifamilienhäusern. Davon gibt es deutschlandweit rund 15 Millionen mit einem Umsatz von etwa 12 Milliarden Euro. Wir befinden uns hier also in einem sehr großen Segment, was stark fragmentiert, offline und von Intransparenz (vor allem bei der Preisstruktur) geprägt ist. Alles Dinge, die man als Start-up-Gründer gerne disruptiert.“

“Wir haben von Anfang an bundesweit gedacht und gearbeitet, was ich so nicht noch mal machen würde“

Die Urversion der Gründer war dabei, ein Marktplatz wie Immobilienscout zu werden: lean in der Wertschöpfung. Sie stellen jedoch schnell fest, dass das für diese Branche nicht funktioniert. „Wir konnten zwar jede Menge Partner wie Gasversorger und Banken akquirieren. Bei Handwerksbetrieben aber funktionierte das nicht. Sie waren unpünktlich und hielten sich weder an unsere Preisbücher noch an die Termine.“ Die Lösung: Die gesamte Kundenreise und das Markterlebnis komplett selbst besetzen und Handwerker einstellen. Was einfach klingt, war eine enorme Herausforderung – und schreckte viele Investoren enorm ab. Um das Recruiting des Handwerkers zu verstehen, setzte sich Pausder daher einige Wochen mit HR und Business Development zusammen. „Wir haben von Anfang an bundesweit gedacht und gearbeitet, was ich so nicht noch mal machen würde. Stattdessen würde ich länger in einer kleinen Geografie bleiben und eher den City-by-City-Approach fahren. Ich würde mir zwei große Städte wie Berlin und Düsseldorf vornehmen, die bespielen und von dort aus das Geschäft skalieren." Der bundesweite Ansatz nämlich hatte die Herausforderung, eine dezentrale Organisation mit einer Herkunftskultur zu managen, wo Mitarbeiter morgens auf den Hof fahren und den Chef sehen. „Deshalb haben wir sehr viel in die Kulturfrage, wer wir sind, investiert. Denn in der Industrie, in der wir uns bewegen, gibt es ein vor und ein nach Thermondo."

„Ein Drittel unserer Kunden kauft ihre Heizung gar nicht mehr, sondern least sie"

Thermondo finanziert, verbaut und wartet Heizungen mit dem Ziel, den Kunden ein Leben lang zu betreuen. „Ein Drittel unserer Kunden kauft ihre Heizung gar nicht mehr, sondern least sie. Das heißt, wir verkaufen nicht mehr die Heizung, sondern die Nutzung der Heizung gegen einen monatlichen Betrag (Contracting). Das beinhaltet neben der Heizungsnutzung, dass wir bei Störungen innerhalb von 24 Stunden vor Ort sind sowie die jährliche Wartung übernehmen. Leadgenerierung und -anreicherung sowie die Beratungsgespräche, die auf unserer eigenen Software basieren, finden daher Inhouse statt." Behilflich bei der Auswahl der richtigen Heizung ist den Kunden der Algorithmus „Manfred", der für die präzise Planung bis zu 200 Datenpunkte verarbeiten kann. Dabei ermittelt Manfred drei Dinge: Den Preis, der transparent ist und sich in Echtzeit anpasst, wenn der Kunde etwas ändert. Eine Zeitvorgabe, die aufführt, wie lange das Bauvorhaben dauert. Sowie eine harte Stückliste, die auch die Basis für den anschließenden Bestellvorgang ist. Außerdem übernimmt Thermondo alles hinsichtlich einer möglichen Förderung, denn rund 90 Prozent ihrer Kunden haben die Chance auf eine Förderung durch die KfW. Anschließend startet Thermondo die vorbereitenden Prozesse. „Allein in Deutschland gibt es etwa 800 Gasnetzbetreiber, die entsprechend über 800 verschiedene Prozesse verfügen. Diesen ganzen Ablauf übernehmen wir für unsere Kunden, die anhand des Status-Updates jederzeit sehen können, wo sich der Prozess aktuell befindet.“ Am Tag der Installation treffen dann Ware (die direkt vom Hersteller kommt) und Handwerker zeitgleich beim Kunden ein.

“Wer heute unser Kunde wird, ist für die nächsten Jahre gut aufgestellt“

Pausder hatte zwar zu Beginn der Gründung keine Ahnung von Heizungen, aber von dezentraler Energie. „Durch das Runterfahren der Atomkraftwerke kommt es zu einer massiven Veränderung der Architektur unserer Energiemärkte. Wir sind beim Energiemarkt heute da, wo wir bei der Telekommunikation etwa 1997 waren. Das heißt, ein Haus hat heute in fast 100 Prozent der Fälle eine Heizung im Keller und zu zehn Prozent eine Photovoltaikanlage auf dem Dach. Dieses Bild wird sich jedoch in den nächsten zehn Jahren massiv verändern, denn Verbraucher werden verstärkt auf Wärmepumpen und Schnellladestationen für E-Autos setzen. Dafür braucht es eine Infrastruktur und Beratung, die Thermondo bieten wird. Wer also heute unser Kunde wird, ist für die nächsten Jahre gut aufgestellt.“ Dabei werden 95 Prozent der

Heizungen in Deutschland auch hierzulande hergestellt. Die Frage dabei ist aber, ob Kunden der Heizungshersteller wichtig ist oder vielmehr die fachmännische Betreuung. „Ich bin der Meinung, der Kunde kauft nicht die Hardware, sondern die Customer Journey – und der Customer-Journey-Provider sind wir.“ Und dennoch hat Thermondo sich entschlossen, mit „t1.“ eine eigene Gasheizung und mit „s1.“ einen eigenen Solarthermie-Flachkollektor auf den Markt zu bringen.

„Die wichtigsten Fehler sind immer Personalfehler“

Um erfolgreich zu gründen, gibt es leider kein Patentrezept. Viele vertreten die Meinung, dass „Entrepreneurs are born, not made“. Doch erfolgreiche Gründer macht nicht nur ihre Persönlichkeit aus, sondern auch bestimmte Eigenschaften, die man selbst beeinflussen kann. „Gründer gehen durch massive Learnings. Wir zum Beispiel haben einiges in der Frühphase falsch gemacht. Wären wir ‚leaner‘ gewesen, hätten wir nicht so völlig übersteigert programmiert und substanziell Geld in die Hand genommen. Um schnell am Markt zu sein, hätte eine große Einfachheit mit ansprechender Benutzeroberfläche vollkommen ausgereicht. Die wichtigsten Fehler sind aber eigentlich immer Personalfehler. So habe ich zum Beispiel gelernt, wer ich bin, wie ich führe und wie ich effektiver führen kann. Denn irgendwann erreicht ein Unternehmen eine Größe, wo es sich neu erfinden muss. Und dafür musst du ein guter Leader werden und die Lernkurve als Gründer annehmen. Ebenfalls essenziell ist, dass Gründer Entscheidungen richtig treffen.“ Jeff Bezos nennt sie Level-1- und Level-2-Entscheidungen: Level-1-Entscheidungen sind einfach und sollten schnell getroffen werden; man sollte also für 'trial-and-error' bereit sein. Level-2-Entscheidungen sind groß; liegt man falsch, wird es teuer. Als Start-up muss man also verstehen, wann welche Entscheidung getroffen werden muss. „Wir haben mal ein Produkt viel zu früh mit einem Start-up-Partner eingeführt, der dann insolvent gegangen ist. Schmiert ein Hardware-Partner ab, wird es richtig teuer. Unser Fehler war, nicht richtig zu durchdenken, ob ein etablierter Hersteller als Partner nicht passender gewesen wäre. Wir haben damals den Unterschied zwischen Level 1 und 2 an dieser Stelle nicht verstanden." Gleichzeitig aber muss man, und das ist die Herausforderung vor allem für große Unternehmen, beibehalten, Level-1-Entscheidungen schnell zu treffen.

"Ich gehöre zu denen, die den Ehrgeiz haben, ein großes Unternehmen aufzubauen"

„Gründer sollten auch Eigenschaften wie zum Beispiel Demut mitbringen, denn als Gründer muss du sehr viel einstecken können. Daher ist man gut beraten, demütig zu bleiben. Auch wichtig ist die Resilienz, eine gewisse Leidensbereitschaft. Denn die Reise ist lang; und sie dauert auch immer länger. Dementsprechend brauchen Dinge auch ihre Zeit. Ebenfalls wichtig ist eine gute Portion Naivität, denn die hilft durchzuhalten. Die Gründung ist ja ein Wechselspiel: Du überschätzt dich und die Company, gleichzeitig aber fällst du auf die Nase. Auch essenziell sind eine gewisse Risikobereitschaft sowie der ehrliche Blick auf sich selbst: Bist du der, der in der Frühphase verkaufen möchte, oder möchtest du die ganze Reise machen? Ich persönlich gehöre zu denen, die den Ehrgeiz haben, ein großes Unternehmen aufzubauen. Der andere Weg aber ist genauso legitim. Rational wäre, wenn Gründer nach zwei, drei Jahren verkaufen. Denn mit ihrer unfassbaren Lernkurve wäre es sinnvoll, das nächste Start-up aufzubauen."

„Wir können es uns nicht leisten, dass nur die, die aus Unternehmerhaushalten kommen oder das Geld für Privatschulen haben, auch Unternehmer werden"

Und weil man sehr früh ansetzen sollte, um eine Gründerkultur fest zu verankern, engagiert sich Philipp Pausder bei der Initiative Startup Teens, die das unter-nehmerische Denken bei den 14- bis 19-Jährigen fördern möchte. Pausder selbst kommt aus einem Elternhaus, wo beide Elternteile im öffentlichen Dienst tätig waren. „Ich habe für viel Geld einen MBA gemacht. Etwas, was wir uns als Volkswirtschaft eigentlich nicht leisten können, wie der Global Entrepreneurship Monitor zeigt: Unsere Schulen befähigen nämlich nicht, unternehmerisch zu denken. Von 52 untersuchten Nationen belegt Deutschland daher auch nur den 42. Platz. Stattdessen bereitet das deutsche Bildungssystem Schüler auf die ‚Maschine' vor und leider nicht darauf, in anderen Mustern und in Veränderung zu denken. Das ist nicht vorgesehen, da die ‚Maschine' ernährt werden muss. Dabei spricht die Politik nicht darüber, dass unsere Sozialsysteme und -kassen nicht ewig halten werden. Was aufzulösen wäre durch das Neue, was durch Unternehmer getrieben wird. Daher können wir es uns nicht leisten, dass nur die, die aus Unternehmerhaushalten kommen oder das Geld für Privatschulen haben, auch Unternehmer werden. Daher engagiere ich mich bei Startup Teens."

Dabei steht es um die deutsche Start-up-Szene nicht schlecht .Ganz im Gegenteil, sie hat sich in den letzten Jahren enorm positiv entwickelt. „Ich habe mich Ende 2012 das erste Mal mit dieser Szene beschäftigt. Und wenn ich schaue, wo wir damals waren und wo wir heute bezüglich Venture Capital Investment und Arbeitsplätzen, die in diesem Bereich entstanden sind, stehen, ist der Unterschied enorm.“ Bei Frühphasenfinanzierungen und Fonds, die Seed A und B machen, sieht es auch sehr gut aus. Was nach wie vor aber fehlt, sind richtig große Finanzierungsrunden in der Spätphase. „Was allerdings ein volkswirtschaftlicher Aspekt ist, denn in der Spätphase bekommen Start-ups, die gut aufgestellt sind, häufig Geld durch amerikanische oder chinesische Investoren oder Fonds aus London. Es ist also eine Frage, die die Politik beantworten muss: Sollen die erfolgreichen Investments in deutschen oder amerikanischen Rentenhänden landen? Ferner sind wir im zehnten Jahr einer heißen Volkswirtschaft, was ich bisher so noch nicht erlebt habe. Ich erzähle meinen Millennial-Mitarbeitern immer, dass die aktuelle Wirtschaftslage nicht normal ist. Ich stand bereits zwei Mal zeitgleich zu einer Weltwirtschaftskrise mit meinem Abschluss auf einem dichten Arbeitsmarkt, nämlich 9/11 und zur Lehman-Pleite. Da kann man Klassenbester sein und hat es dennoch schwer.“

„Wir sind als Nation in einer Zwischenphase“

Spürbar ist in Deutschland, dass die Risikobereitschaft abnimmt. Eine Umfrage ergab: dass das Bedürfnis Nummer eins die Sicherheit ist – ein Zustand, der für Volkswirtschaften nicht positiv ist. Auch sind wir als Land nicht gut darin, Erfolgsgeschichten zu erzählen. „Wir sind als Nation in einer Zwischenphase, in der viele nicht verstanden haben, dass wir neue Firmen brauchen. Wenn man sich den MDAX anschaut, wird es sichtbarer. Da finden sich Zalando, Rocket, Delivery

Hero, Westwing usw. Um die Gründerszene mache ich mir deshalb weniger Sorgen. Ich schaue besorgt auf die Gesellschaft, in der eine suggerierte Sattheit herrscht. Der DAX beispielsweise ist voll mit großen Firmen wie Thyssen Krupp, Daimler, BMW, Volkswagen oder Energieversorger, die allesamt große Themen zu bewältigen haben. Wer als Nation denkt, es reicht, 30 große Unternehmen zu haben, die uns alle die nächsten Jahre durchfüttern, irrt sich gewaltig. Was grundsätzlich fehlt ist das kulturelle Commitment hin zu Neuem, Veränderungen und Disruption – und auch zur Zerstörung."

„Manager haben ein Leben lang darauf hingearbeitet, in diese Position zu kommen. Jetzt sind sie da, sollen aber plötzlich ganz anders werden"

Dennoch geht es den Industrieunternehmen in Deutschland sehr gut – auch wenn ihre Sattheit die notwendige Transformation blockiert. „Unternehmen wie Daimler, die Rekordergebnisse einfahren, haben es natürlich nicht leicht, im gleichen Atemzug sagen zu müssen, dass das alles nicht reicht und man sich verändern muss – eine große Herausforderung. Etwas anderes ist es in Familienunternehmen wie zum Beispiel Viessmann. Dort herrscht ein ganz klares Verständnis darüber, das Unternehmen in die Zukunft zu führen. Ein Verständnis, das in Konzernen mit angestellten Managern fehlt. Die nämlich haben ein Leben lang darauf hingearbeitet, in diese Position zu kommen. Jetzt sind sie da, sollen aber plötzlich ganz anders werden, was ihnen extrem schwerfällt." Wir können also nicht erwarten, dass Manager, die ihr Leben lang eine Managementkarriere anstrebten, jetzt eine Chance gegen First Generation Entrepreneurs haben. „Natürlich gibt es auch Manager, die die Transformation hinbekommen. So, wie es auch bornierte Familienunternehmen gibt, die am Status quo festhalten und nur auf die Erhaltung aus sind. Am Ende hängt es immer von dem Menschen ab."

„Mein Verständnis von Politik ist, dass sie die Gesellschaft auf alle Phasen vorbereitet"

Und weil zu viele in Deutschland mehr in die Digitalisierung stolpern, als sie beherzt anzugehen und die eigene Zukunft selbstbewusst zu gestalten, appelliert Pausder an alle, aufzuwachen. „Wir sind nicht mehr weit von der nächsten Wirtschaftskrise entfernt. Meine Sorge ist, dass dann wieder alle sagen: Und jetzt? Ferner ist mein Verständnis von Politik, dass sie die Gesellschaft auf alle Phasen vorbereitet. Ich empfinde es als besorgniserregend, wie wenig diesbezüglich passiert. In der Energiepolitik zum Beispiel ist seit Beginn dieser Koalition gar nichts passiert. Den Einzigen, den ich wahrnehme, der uns schärft und der auch eine Debatte beginnt, ist Hubertus Heil zum Thema Einwanderung. Es ist erstaunlich, dass wir uns mit Wohlfühlthemen beschäftigen und nicht mit großen Themen."

Mehr über Philipp Pausder sowie Links zu den verschiedenen ChangeRider-Formaten gibt es hier: http://people.changerider.com/ppausder

RUBIN LIND
„GUTE GRÜNDER UND UNTERNEHMER ZEICHNET AUS, EINE VISION UND EIN ZIEL ZU HABEN UND ES ZU VERFOLGEN"

Der 20-Jährige Rubin Lind gründet die interaktive Lern-App Skills4School noch während seiner Schulzeit. Für die Initiative „Connect Limburg" Grund genug, ihn 2017 als jüngstes „Young European Talent" auszuzeichnen. 2018 erhält er von gründer.de die Auszeichnung „Gründer des Jahres". Dabei denkt Lind lange, Unternehmertum ist für diejenigen, die geerbt oder viel Geld gemacht haben.

„Ich hatte gar nicht im Fokus, aus einer Idee heraus ein Unternehmen aufzubauen. Was sicher auch daran liegt, dass ich nicht aus dem klassischen Unternehmerhaushalt komme. Mein Vater ist Beamter und meine Mutter war lange Opernsängerin." Die erste Berührung mit Unternehmen hat der in Hamm geborene daher auch erst in der Schule mit einer Schülerfirma. Und weil Lind viele gute Ideen hat, motiviert ihn ein Lehrer, auf eine Veranstaltung von „Startup Teens" zu gehen. „Hängen geblieben ist bei mir damals der Satz: Ganz viele Menschen stehen morgens auf und haben eine gute Idee.

Ganz viele aber gehen abends ins Bett und haben die Idee weder aufgeschrieben noch umgesetzt. Das war für mich die Motivation, nicht nur meine Idee aufzuschreiben, sondern sie auch umzusetzen." Lind beschließt an diesem Tag, die Welt nicht einfach hinzunehmen wie sie ist, sondern sie mit verändern zu wollen – und beginnt, Skills4School umzusetzen.

"Irgendwann habe ich zu meinen Eltern gesagt, ich muss jetzt ein Unternehmen gründen"

Viel zu verlieren hat Lind eh nicht. Zu diesem Zeitpunkt ist er in der 12. Klasse und dabei, sein Abitur zu machen. „Irgendwann habe ich zu meinen Eltern gesagt, ich muss jetzt ein Unternehmen gründen, weil ich eine Finanzierung für das Start-up benötige." Zu dem Zeitpunkt ist er 17 Jahre alt und muss beim Amtsgericht vorstellig werden. Nach einigem Hin und Her gründet Lind sein Start-up. „Nach dem Abi stellte sich vor allem bei meinen Eltern die Frage nach dem Studium. Sie wollten, dass ich studiere. Ich aber sah darin keinen Sinn." Sie einigen sich auf einen Kompromiss: Lind hat ein Jahr Zeit, sein Unternehmen auf die Beine zu stellen. Dann muss das Unternehmen sich selbst finanzieren und einen Fortschritt zeigen. Er schließt im ersten Jahr seine erste Finanzierungsrunde sechsstellig ab und bekommt das Go von seinen Eltern.

Überzeugt hat Lind auch die Investoren Carsten Maschmeyer und Georg Kofler bei seiner Teilnahme an der Sendung „Die Höhle der Löwen". Er geht mit einem Deal und viel Anerkennung (nicht nur für sein Produkt) aus der Sendung. Denn zunächst lässt Lind die Investoren stehen. Für eine Starthilfe in Höhe von 700.000 Euro bietet er 14 Prozent Anteile an seinem Unternehmen. Maschmeyer und Kofler jedoch fordern 30 Prozent. Weil Linds Schmerzgrenze aber bei 25 Prozent liegt, geht er ohne Deal – um kurz darauf von Maschmeyer zurückgeholt zu werden. Bei Linds letztem Angebot von 25,1 Prozent Firmenanteile schlagen die Investoren dann zu. „Die Teilnahme ist für Gründer eine einzigartige Erfahrung. Skills4School bekam durch den Auftritt nicht nur eine finanzielle Unterstützung, sondern auch einen enormen Schub nach oben. Denn am Ausstrahlungsabend der Sendung fand ein regelrechter Run auf Website und App statt; über 100.000 Nutzer luden unsere kostenlose App runter. Enorm hilfreich war zudem das viele positive, aber auch berechtigte negative Feedback zum Produkt."

„Die Idee kam mir in einer Matheklausur"

Mittlerweile besteht das Team von Skills4School aus 12 Personen, die sich um das Produkt kümmern und etwa 30 Redakteuren, die die Inhalte liefern. Das Produkt selbst ist eine interaktive Lern-App, mit der Schüler ihren Lernfortschritt einsehen sowie interaktiv den Stoff lernen können, den sie für die Schule brauchen. „Die Idee kam mir in einer Matheklausur. Ich hatte dafür gelernt und dachte, ich kann eigentlich alles. In der Klausur aber konnte ich das Gelernte nicht anwenden. Da ich nicht der Typ bin, der gern mit Schulbuch und Textmarker arbeitet, sondern lieber per Handy lerne, habe ich überlegt, wie man das umsetzen kann." Die App ist kostenlos zum Testen herunterzuladen. Wer regelmäßig damit lernen möchte, muss 9,99 Euro pro Monat bezahlen. Wer sich nur ein bestimmtes Thema zu einem konkreten Zeitpunkt aneignen möchte, kann sich für 2,29 Euro einen Credit kaufen. „Nachhilfelehrer sind teuer, dementsprechend kann sich das nicht jeder leisten. Daher wollte ich nicht nur ein digitales Produkt schaffen, sondern auch eines, was sich die breite Masse leisten kann.“ Dabei misst die App anhand verschiedener Parameter den Lernfortschritt und zeigt genau den Inhalt an, den der User noch lernen muss.

“Ich würde von Anfang an Key Points definieren, auf die das Team hinarbeitet“

Rückblickend würde Lind heute vieles anders machen. „Ich würde schneller am Kunden testen. So hätten wir uns einige unwichtige Features gespart. Auch würde ich von Anfang an Key Points definieren, auf die das Team hinarbeitet – und nicht einfach starten.“ Hilfreich wäre dafür der Austausch mit anderen Gründern seines Alters gewesen. Weil es ein solches Netzwerk allerdings nicht gibt, gründet er kurzerhand Gen*ZEO (gen-zeo.com). „Ich verstehe gar nicht, warum es ein Netzwerk von Toptalenten unter 25 nicht gibt. Würde man die zusammenbringen, würde das einen krassen Impact für gesellschaftsrelevante Themen schaffen.“ Und initiiert gleich noch den Award „Top Talents under 25“, an dem unter 25-jährige aller Nationalitäten teilnehmen können. Aus den fast 600 Bewerbungen wählte eine hochkarätig besetzte Jury 42 Toptalente aus, die am 12. September ihre Auszeichnung in den Kategorien Entrepreneurship, Society, Culture, Management, Digital und Social verliehen bekamen. „Alle Bewerber sind sehr gut in dem, was sie machen. Deutlich wird ein solches Potenzial allerdings erst, wenn man einen Raum zur Sichtbarkeit schafft.“ Damit die Generation Z unsere Gesellschaft nachhaltig und positiv gestalten und gemeinsam gesellschaftliche Anforderungen angehen kann, trifft sich das Netzwerk on- und offline.

„Ich glaube, das Problem ist, dass in Deutschland versucht wird, das bestehende Bildungssystem aufwendig umzustellen“

Auf Kriegsfuß steht Lind mit dem Föderalismus in Deutschland. Auch viele Bürger lehnen mittlerweile ab, dass die Bundesländer die Hoheit über die Bildungspolitik behalten. „Ich glaube, das Problem ist, dass in Deutschland versucht wird, das bestehende Bildungssystem aufwendig umzustellen. Dabei gibt es genug Leute, die Ideen für ein neu aufgestelltes Bildungssystem haben. Auch erfolgt eine Digitalisierung an Schulen nicht durch Whiteboards und Tablets – das ist ‚nice to have‘. Digitales Verständnis wird dadurch nicht vermittelt. Aber wie auch? Die Lehrer werden ja nicht im Studium darauf vorbereitet, sondern müssen sich vieles selbst aneignen. Diese Eigeninitiative aber weicht dann vom Lehrplan ab.“ Um bei den Lehrinhalten flexibler agieren zu können, ist also die Politik gefragt. Auch sollte überlegt werden, ob das alles noch auf 16 Bundesländer verteilt sein sollte, oder ob es nicht sinnvoller ist, die Kompetenz an die Regierung abzugeben. „Die Kosten des Bürokratieaufwands, den die 16 Bundesländer verursachen, sollten wir lieber in das Umdenken des kompletten Konzepts stecken.“

Dann könnten auch Kompetenzen gelehrt werden, die Schüler auf das Leben vorbereiten. Als Gründer beispielsweise ist man einem gewissen Druck ausgesetzt. Man muss daher über Know-how bezüglich Teamführung, Empathie, Management, Organisation etc. verfügen. Alles Dinge, die ein 17-Jähriger

Gründer nicht vorweisen kann. „Am Anfang hatte ich verschiedene Unternehmer als Ansprechpartner, die ich über ‚Startup Teens' kennengelernt hatte. Mit denen konnte ich viele Fragen klären. Ich habe mich allerdings auch über entsprechende Fachliteratur informiert sowie mich in Netzwerken ausgetauscht. Denn wenn man zuhören kann, kann man auch recht viel lernen. Allerdings bin ich auch auf die Nase gefallen: Aufgrund fehlender finanzieller Mittel habe ich am Anfang jemanden an Skills4School beteiligt. Es endete allerdings mit einer Klage vor Gericht, was mich nicht nur sehr viel Geld, sondern vor allem auch Nerven und Zeit gekostet hat. Hätte ich mehr Menschenkenntnis gehabt, wäre mir das erspart geblieben."

„Richtig gescheitert ist man meiner Meinung nach erst, wenn man aufgibt"

Eine wichtige Eigenschaft, die Gründer mitbringen sollten, ist die Fokussierung. „Gute Gründer und Unternehmer zeichnet aus, eine Vision und ein Ziel zu haben und es zu verfolgen. Dafür steht man jeden Tag auf. Eine weitere wichtige Eigenschaft ist das Durchhaltevermögen. Denn ob Absage oder Scheitern, Gründer müssen immer wieder aufstehen und motiviert weitermachen – egal, wie schlecht die Situation ist." Dabei darf man aber nicht den richtigen Zeitpunkt verpassen, von einer Idee, die nicht funktioniert, zu lassen. „Dazu muss man aber erst mal Scheitern definieren. Wenn ich ein Produkt habe, das funktioniert, allerdings nur für eine kleine Zielgruppe, die nicht anständig monetarisiert werden kann, ist man lediglich in diesem Teilbereich gescheitert. Richtig gescheitert ist man meiner Meinung nach erst, wenn man aufgibt. Wenn man sein Branchenwissen nicht nutzt, um etwas zu entwickeln, was die Kundenbedürfnisse befriedigt. Mein Rat ist daher, flexibel beim Produkt zu sein, die Marktvision die man hat, aber zu verfolgen."

„Ich wünsche mir ein Europa, was ein Stück weit mehr zusammenwächst"

Die globale Schüler- und Studierendenbewegung „Fridays for Future" setzt sich für den Klimaschutz ein. Ihr Aufruf: Jeder kann an unserer Welt mitwirken und sie verändern. Daher sollte sich auch jeder Gedanken darüber machen, wie sein Beitrag dazu aussehen kann. Und weil jedem daran gelegen sein sollte, nachfolgenden Generationen eine lebenswerte Gesellschaft und Welt zu hinterlassen, sollte sich auch jeder Gedanken über sein Verhalten machen. „Ich wünsche mir ein Europa, was ein Stück weit mehr zusammenwächst, was nicht alle Entscheidungen auf Länderebene treffen muss, sondern mehr Kompetenzen an Europa abgeben kann. Und ich wünsche mir eine bessere Verteilung. Schaut man sich die verschiedenen Länder der Europäischen Union an, geht es einigen unglaublich gut, anderen allerdings extrem schlecht."

Mehr über Rubin Lind sowie Links zu den verschiedenen ChangeRider-Formaten gibt es hier: http://people.changerider.com/rlind

GISBERT RÜHL „ES IST EIN VÖLLIGER TRUGSCHLUSS, WENN EIN CEO GLAUBT, DEN WANDEL MIT DER INVESTITION IN EIN PAAR START-UPS VORANZUTREIBEN“

Gisbert Rühl ist seit November 2009 Vorstandsvorsitzender der Duisburger Klöckner & Co SE, einem der weltweit größten produzentenunabhängigen Stahl- und Metallhändler. Zuvor war der Wirtschaftsingenieur Partner bei der Unternehmensberatung Roland Berger sowie als Vorstand bei der Babcock Borsig AG und der Rütgers AG. Er kann als DER digitale B2B-Transformator Deutschlands bezeichnet werden: In einem sehr analog funktionierenden Stahlhandel macht Klöckner bei einem Jahresumsatz von über sechs Milliarden Euro knapp zwei Milliarden Euro Digitalumsatz. Parallel zum Digitalgeschäft von Klöckner hat Rühl das Start-up XOM Metals gegründet, das langfristig im direkten Wettbewerb zu Klöckner agieren soll. Voller Berechtigung kann man sagen, dass das Unternehmen zu den B2B-Digitalisierungspionieren Deutschlands zählt.

Gisbert Rühl ist auf dem besten Weg, den Stahlhändler vom Traditionsunternehmen hin zum digitalen Player zu entwickeln. Angefangen als CEO, der analog Stahl handelt, beginnt er, sich intensiv mit der Digitalisierung zu beschäftigen. Während dieser Unternehmensreise führt ihn sein Weg zunächst ins Silicon Valley. „Mit Klöckner bewegen wir uns in einer Branche, die von der Ertragsseite unter Druck ist. Das führte dazu, dass wir vor etwa sechs Jahren anfingen darüber nachzudenken, ob wir unser Geschäftsmodell nicht ändern sollten. Und was macht man, wenn man sein Geschäftsmodell mit neuen Technologien ändern will? Man fährt ins Silicon Valley. Nach interessanten Diskussionen und Gespräche unter anderem mit Marc Andreessen und Alex Karp über Plattformen, versuchten wir zunächst intern, das Thema anzuschieben. Die Folge: das typische Innovator's Dilemma. Obwohl wir uns externe Unterstützung holten, hingen wir in unseren Überlegungen fest. Wurde es beispielsweise revolutionär, wurden schnell Bedenken laut. Nach drei intensiven Monaten der Diskussionen brachen wir diese ab."

Den Kopf in den Sand stecken und abwarten ist in Zeiten der schnell voranschreitenden Digitalisierung jedoch keine Alternative. „Ich bin dann noch einmal nach Berlin gereist, wo ich zwei entscheidende Treffen für unsere weitere Entwicklung hatte: Der eine Termin fand bei etventure statt, die als Gesprächsvorbereitung Kunden von Stahlhändlern anriefen und nachfragten, wo die Pain Points bei einer Stahlbestellung liegen. Das Ergebnis dieser Recherche hing überall im Meetingraum in Form von gelben Klebezetteln an der Wand – ein ‚eye opener' für mich! Zwar hatten auch wir immer wieder mit unseren Kunden gesprochen, allerdings immer eher klassisch nachgefragt, was gut und was schlecht läuft. Der Ansatz, herauszufinden, wo die Probleme liegen, hatten wir in der Form bisher nicht gemacht. Der zweite Termin fand im Coworking Space Betahaus statt. Dass wir dort die Chance nutzten und uns einen Tisch mieteten, um unsere Aktivitäten aufzubauen, war ebenfalls entscheidend für unsere Entwicklung."

„Damit der Digital Hub eigenständig agieren konnte, haben wir bewusst in Berlin angefangen"

In geschützten Räumen außerhalb der bewahrenden Organisation findet die Entwicklung digitaler Services und neuer Geschäftsmodelle in der Regel deutlich einfacher und schneller statt. Damit eine Übertragung vom geschützten Raum in das Unternehmen später aber überhaupt erfolgen kann, muss die Kernorganisation von den Umsetzungsmaßnahmen und vom neuartigen Vorgehen überzeugt werden. „Das ist der schwierigste Teil! Damit der Digital Hub eigenständig agieren konnte, haben wir bewusst in Berlin angefangen. Wir wussten, dass das in unserem Headquarter nicht funktionieren wird. Außerdem hätten wir zu dem Zeitpunkt das notwendige Know-how nicht in Duisburg gefunden. Ferner habe ich als CEO bewusst Stellung bezogen und bestimmt, das Team in Berlin erst einmal in Ruhe eigenständig arbeiten zu lassen – was dazu führte, das wir sehr schnell erste Produkte entwickelten."

Stahl im Web zu verkaufen, ist nicht vergleichbar mit Produkten wie beispielsweise Hundefutter. Daher wurde im weiteren Verlauf deutlich, und das ist wahrscheinlich die Besonderheit bei B2B, dass Klöckner die Entwicklung nicht völlig unabhängig vom Unternehmen laufen lassen konnte. „Nutzen wir die Vorteile von Klöckner (über 100 Jahre Branchen-Know-how, Vertrauen, gut funktionierende Kunden- und Lieferantenbeziehungen) nicht, stockt der Prozess irgendwann. Eine Erkenntnis, die erstaunlicherweise vom Berliner Team kam. Wir haben dann angefangen, kloeckner.i näher an das Unternehmen heranzuführen, was ein sehr sensibler Vorgang war. Einerseits muss man für den Austausch sorgen, gleichzeitig aber auch die Unabhängigkeit sichern und bewahren."

„Um unsere Mitarbeiter mitzunehmen, haben wir kleine Initiativen gegründet"

Dafür ist ein Kulturwandel in der Organisation notwendig. Eine digitale Kultur etabliert man jedoch nicht von heute auf morgen. Vielmehr benötigt der Kulturwandel Zeit und Kommunikation. „Unsere Vertriebsleute pflegen den Kontakt zu unseren Einkäufern. Haben jetzt beide Angst, durch die Onlineentwicklung ihren Job zu verlieren, können wir die beste Plattform der Welt entwickeln, sie wird nicht funktionieren. Um unsere Mitarbeiter mitzunehmen, haben wir daher kleine Initiativen in Form von Minimal Viable Products (MVP) gegründet." MVP (wörtlich: ein „minimal überlebensfähiges Produkt") sind kleine, bereits am Markt funktionierende Produkte und Services, die mit Kunden und Mitarbeitern getestet werden – und bei Nichterfolg eingestellt und bei erfolgreicher Validierung breit ausgerollt werden. „Eine wichtige Initiative ist zum Beispiel unsere Digital Academy, bei der sich unsere Mitarbeiter während der Arbeitszeit digital fortbilden können. Eine notwendige

Maßnahme, denn jeder Job wird sich verändern und zunehmend digitaler. Gestartet sind wir dabei klein mit ein, zwei eingekauften Onlinekursen. Mittlerweile entwickeln wir mit der Uni Duisburg-Essen unsere Onlinekurse.“ Ganz wichtig ist in diesem Zusammenhang auch eine hierarchiefreie Kommunikation, um Informationen schnell und nicht modifiziert verbreiten zu können. Dafür setzt Klöckner eine Art internes Facebook ein – aufgrund der höheren Durchlässigkeit eine ihrer wichtigsten Maßnahmen. „Unsere Mitarbeiter haben sehr schnell gemerkt, dass wir die Digitalisierung wünschen und ernsthaft angehen. Ich glaube, ohne ein solches Kommunikationsinstrument wäre unsere Entwicklung nicht so verlaufen.“

“Es ist ein völliger Trugschluss, wenn ein CEO glaubt, den Wandel mit der Investition in ein paar Start-ups voranzutreiben“

Viele CEOs machen es sich einfach, indem sie sich bei Start-ups einkaufen. Dabei ist die digitale Transformation nicht einzukaufen, man muss sie selbst vorantreiben. Klöckner geht beide Wege: Zum einen hat das Unternehmen die Unit in Berlin aufgebaut, zum anderen auch in Start-ups investiert. „Es ist ein völliger Trugschluss, wenn ein CEO glaubt, den Wandel mit der Investition in ein paar Start-ups voranzutreiben. Daher waren unsere Start-up-Beteiligungen bisher auch reine Investitionen. Versprechen wir uns von einer Beteiligung ein Geschäft oder eine Weiterentwicklung für unsere Plattform, ist der Ansprechpartner unser Digital Hub. Ich glaube nicht, dass die Zusammenarbeit eines konservativen Unternehmens mit einem Start-up direkt funktioniert.

Dafür agieren Start-ups viel agiler und das Sales Cycle ist zu lang." Daher war die Motivation, beim Start-up Contorion einzusteigen, auch das Learning. „Wir wollten mit dem Know-how, was Contorion im B2B-Bereich bereits hat, lernen, Stahl zu verkaufen – was wir auch versucht haben. Da unser Produkt jedoch nicht in deren Produktspektrum hineinpasste, hat es nicht gut funktioniert." Daher hat Klöckner seine Anteile an Contorion mittlerweile auch wieder verkauft.

„Ist der Wettbewerber von heute morgen auf der Plattform Kunde, trifft das im Unternehmen zunächst auf wenig Verständnis"

Geplant ist, dass Klöckner bis 2022 60 Prozent des Umsatzes digital erzielt. „Weil aber niemand weiß, wie schnell solche Themen in den verschiedenen Ländern vorangetrieben werden können, kann man hier nicht von einer analytisch entwickelten Zielgröße ausgehen. Erreicht haben wir bisher knapp 20 Prozent. Und weil es keine lineare, sondern ab einem bestimmten Zeitpunkt auch eine exponentielle Entwicklung ist, sind wir auf einem guten Weg." Mit XOM Metals möchte Klöckner das Amazon des Stahlhandels werden – eine große Herausforderung. „Neben dem kulturellen Wandel war der schwierigste Schritt bei XOM Metals, eine Plattform zu initiieren, die als Industrieplattform auch den Wettbewerb zulässt. Ist der Wettbewerber von heute morgen auf der Plattform Kunde, trifft das im Unternehmen zunächst auf wenig Verständnis. Auch kann eine solche Plattform disruptiv wirken, weil sie sich bei Erfolg zwischen Unternehmen und Kunden schiebt. Ferner zieht sie auch einen Teil der Marge. Geht man aber davon aus, dass eine solche Plattform ohnehin kommt, ist es besser, man initiiert sie selbst und partizipiert bei Erfolg zumindest noch dran. Denn erfolgreich wird der, der sich frühzeitig darauf vorbereitet hat – und nicht der, der später dazugekommen ist."

Eine Hürde dabei ist der Umgang mit der EU-Datenschutzgrundverordnung (DSGVO). Denn XOM Metals muss ihren eigenen Kundenstamm entwickeln. „Klöckner kann XOM dabei aber unterstützen. Die DSGVO erlaubt uns, bei unseren Kunden für XOM zu werben. An dieser Stelle trifft uns die DSGVO nicht. Problematisch ist vielmehr, dass wir uns in den nächsten Monaten statt mit der Digitalisierung mit der DSGVO auseinandersetzen müssen. Denn die DSGVO unterscheidet in keinster Weise zwischen B2C und B2B." Ein Aspekt, der von der Politik nicht verstanden wurde. „Der Wunsch, Datensammlern wie Facebook oder Google die Zähne zu zeigen, ist nicht aufgegangen. Vielmehr trifft der Aufwand für die Vorbereitung auf die DSGVO kleinere Unternehmen. Wir bei Klöckner sind darauf vorbereitet, wir haben ja aber auch die entsprechenden Ressourcen. Für kleinere Unternehmen ist es bedeutend schwerer."

„Ich mache mir Sorgen, wenn ich mir die weltweite Verteilung der Venture-Capital-Investitionen anschaue"

Deutschland mangelt es nicht an Talenten oder Ideen. Dennoch sind unter den weltweit 100 wertvollsten Unternehmen nur drei deutsche Konzerne. „Ich mache mir Sorgen, wenn ich mir die weltweite Verteilung der Venture-Capital-Investitionen anschaue. Im Jahr 2017 wurden laut „Wallstreet Journal" weltweit 150 Milliarden US-Dollar in Venture Capital investiert. 44 Prozent davon in den USA, 40 Prozent in

Asien (primär China), sieben Prozent in Europa und unter zwei Prozent in Deutschland. Neben der Sorge, dass dieser Abstand immer größer wird, müssen wir auch noch berücksichtigen, dass die größten Internetunternehmen in den USA und in China sind. Der Abstand Deutschlands zum Rest der Welt wird diesbezüglich noch mal größer. Chancen haben wir sicherlich noch bei den eher vertikalen industriespezifischen Themen wie beispielsweise unsere Plattform für die Stahl- und Metallindustrie.“ Entscheidend ist, dass man überhaupt neue Geschäftsmodelle entwickelt. Und eine erfolgreiche Digitalisierung nicht damit verwechselt, die eigene Wertschöpfungskette und die eigenen Produkte effizienter oder attraktiver zu machen. Das wird nicht ausreichen. „Eine große Herausforderung, denn dieser Spagat ist doch relativ groß – vor allem, wenn ein neues Geschäftsmodell – und das ist ja oft der Fall – auch disruptiv wird.“

„Wir haben bei Klöckner auch klein und mit überschaubaren Aufwendungen angefangen“

Doch was können mittelständische Unternehmen, die nicht die Möglichkeiten eines weltweit agierenden Konzerns haben, tun? Wie sollte deren Roadmap aussehen? „Das Zauberwort ist anfangen. Wir haben bei Klöckner auch klein und mit überschaubaren Aufwendungen angefangen, sind mit zwei Mitarbeitern und einem Tisch im Betahaus gestartet. Vielfach ist ja das Erfolgsmodell: groß denken, klein anfangen und irgendwann skalieren. Das gilt meiner Meinung nach immer noch. Wir neigen nur leider immer wieder dazu, zu diskutieren und zu überlegen.“ Dazu gehört, raus aus dem Mindset der perfekten Ingenieurswelt. „Erfolgreich ist in diesem Zusammenhang die Kundenfokussierung. Seine Kunden von einer anderen Perspektive aus zu betrachten und zu überlegen, was man für sie besser machen kann, wo Ergänzungen notwendig sind oder ein neuer Service sinnvoll ist – was keinen großen Aufwand braucht. Falsch ist der Ansatz, große Roadmaps aufzusetzen, mit denen erst einmal lediglich geschaut wird, wo überall digitalisiert werden kann."

„Die Politik muss vom Grundsatz her verstehen, um was es geht"

Gerade einmal 44 Prozent der Befragten einer Studie des Vodafone Instituts für Gesellschaft und Kommunikation glauben, dass die Politik den Willen dazu hat, innerhalb der Digitalisierung zu fördern, zu unterstützen und zu bilden. „Zunächst muss die Politik vom Grundsatz her verstehen, um was es geht. Denn der richtige Ansatz ist nicht, einzelne Firmen zu unterstützen. Vielmehr braucht es den Blick auf Deutschland, was mit anderen Ländern im Wettbewerb steht. Die Frage der Politik sollte daher sein: Wie können wir Deutschland digital wettbewerbsfähig machen? Dazu gehört, aus der Warteposition raus und die digitale Infrastruktur aktiv voranzutreiben. Die Mittel dafür stehen ja bereit, sie werden nur nicht abgerufen. Ferner muss die Politik anfangen, kurzfristiger zu denken. Zwar sind langfristige Maßnahmen nicht unwichtig. Deutschland befindet sich jedoch im Wettbewerb mit den USA und China, die sich immer weiter nach vorne bewegen. Die Digitalisierung gibt uns die Möglichkeit, Fertigung aus dem Ausland zurückzuholen. Fehlen dafür allerdings Strukturen wie schnelles Internet, wird es nicht passieren. Maßnahmen, die erst in fünf Jahren wirken, sind daher zu spät. Eine weitere Frage ist deshalb auch: Was können wir heute tun, damit wir bereits morgen erfolgreicher sind? Wenn wir heute der Auffassung sind, dass wir Kindern das Coding beibringen sollten, dann dürfen wir nicht heute darüber nachdenken, wie wir Lehrer dafür fit machen, sondern brauchen jetzt eine Lösung."

„Einfach mal anfangen und ausprobieren, was am besten funktioniert – statt immer nur zu diskutieren"

Menschen sind der entscheidende Faktor bei der Digitalisierung. Neben technischem Know-how braucht es daher auch Fähigkeiten bezüglich Teamarbeit, Kommunikation und Empathie – Eigenschaften, die Maschinen und Roboter nicht haben. „Mit zunehmenden Anteil von künstlicher Intelligenz am Arbeitsplatz benötigen Mitarbeiter andere Fähigkeiten. Daher brauchen wir unbedingt neue Formen des Lernens. Daher gilt auch hier: Einfach mal anfangen und ausprobieren, was am besten funktioniert – statt immer nur zu diskutieren." Die Sorge zu scheitern, ist groß und in Deutschland nach wie vor ein Tabu. „Als wir bei Klöckner unseren ersten Webshop entwickelten, schlug ich vor, Feedback von außen einzuholen. Ich erntete Zustimmung, umgesetzt wurde der Vorschlag jedoch nicht. Ich fragte aber auch nicht mehr nach. Nach der Fertigstellung des Shops – die Kosten lagen damals im siebenstelligen Bereich – nutzten von unseren 170.000 Kunden nur eine Handvoll den Shop. Als ich den Stecker ziehen wollte, wurden von meinem Team – wie in großen Konzernen üblich – die bisherigen hohen Investitionskosten als Argument für das Weiterentwickeln angeführt. Ich habe mich dann einige Male überreden lassen, bevor ich die

Reißleine zog. Ich will damit sagen: Wichtig ist, mit der Umsetzung zu beginnen und kontinuierlich dranzubleiben. Dabei kann man aber nicht alles voraussehen und alle Risiken im Vorfeld ausschließen. Und passieren Fehler, sollten die auf dem Weg zur Veränderung zu verschmerzen sein."

Mehr über Gisbert Rühl sowie Links zu den verschiedenen ChangeRider-Formaten gibt es hier: http://people.changerider.com/gruehl

CHANGERIDER-NOMINIERUNG

Sie kennen Menschen, die mutig und engagiert vorangehen, um die Zukunft zu gestalten?

Dann schicken Sie uns gern Ihre Nominierungen zu:

nomination@changerider.com

DANKSAGUNG

Der ChangeRider ist ein Herzensprojekt von mir und nur durch die Mithilfe von vielen Menschen möglich! Daher danke ich allen voran dem ChangeRider-Team und den -Unterstützer*innen: Sabrina, Wibke, Selam, Carlotta, Nadine, Veronika, Kathrin, Andrea, Doris, Brigitte, Sophia, Christina, Astrid, Marie-Christin, Moritz, Christian, Maximilian, Patrick, Andy, Markus, Alex, HC und Manuel. Besonders möchte ich auch allen Mitfahrer*innen danken, die ihre wertvollen Geschichten mit mir geteilt haben – denn ohne ihre Offenheit und ihr Vertrauen gäbe es das Format nicht. Außerdem danke ich meinem etventure-Team für den wert-vollen Support sowie allen EY-Partner*innen, die an das Format glauben und mir die Freiheit zugestehen, neben meiner Tätigkeit bei etventure und EY mein Purpose-Projekt ChangeRider zu verwirklichen.

Ein großes Dankeschön gilt auch meinen lieben Freunden, die von Anfang an die größten Fans und wichtige Ratgeber waren – allen voran Constanze, Balu und Philipp.

Dieses Format funktioniert auch nicht ohne den familiären Rückhalt. Deshalb danke ich ganz besonders meiner Frau und meinen vier Kindern – vielen Dank, dass Ihr immer Verständnis für meinen Drang habt, etwas in der Welt zu verändern!

ISBN 978-3-7502-4798-7
00002
9 783750 247987
www.epubli.de